사랑, 바닥까지 울어야

저자 약력

경북 안동 출생. 임동초등학교, 대전여중, 대전호수돈여고 졸, 서울대사범대 및 동 대학원(교육심리학)과 미국 Florida State University(Ph.D)에서 공부. 마산 제일여중고교와 대전호수돈여중고교 교사, 단국대 서울대 교수를 거쳐 현 서울대 명예교수이다.
1965, 66, 67년 3회에 걸쳐 『현대문학』 추천으로 등단. 첫시집 『달하』 외 13권과 『빈 가슴을 채울 한 마디 말』 등 시선집 12권 있다. 『지란지교를 꿈꾸며』 외 다수의 수필집과 「세한도 가는 길」의 시가 9권의 중고등학교의 국정 및 검인정 교과서에 등재되어 있음.
『한국전통 아동심리요법』 외 4권의 연구서와 한국전통아동놀이 및 동요집 다수.
수상으로는 정지용문학상, 소월문학상 특별상, 월탄문학상, 한국펜문학상, 간행물 윤리위원회상 등이 있다.

사랑, 바닥까지 울어야
───────────────────────────

2008년 11월 15일 초판 1쇄 발행

지은이 • 유안진
펴낸이 • 김구슬
펴낸곳 • 서정시학

주　　소 • 서울시 성북구 동선동 1가 48 백옥빌딩 6층
전　　화 • 02-928-7016
팩　　스 • 02-922-7017
이메일 • poemq@dreamwiz.com
출판등록 • 209-07-99337
ISBN 978-89-92362-42-9 03810

값 9,900원
잘못된 책은 바꾸어 드립니다.

사랑, 바닥까지 울어야

유안진 에세이

서정시학

머리말

 이젠 안 쓸 거냐? 왜 신작 에세이가 안 나오느냐?고 물어주고 걱정해주는 여러 독자들의 관심과 격려에 힘을 얻어서, 또한 9개의 중고등학교의 국정 및 검인정 교과서에 여러 편의 내 수필이 등재되었다는 연전의 통보에 고무되어, 이 책이 태어나는지도 모른다.
 새 산문집을 엮으면서 보니, 오랜 동안 수필을 쓰지 않았는데도, 많이 모인 것에 놀랐다. 나에게는 수필도 내 시에 못지않게 중요한 장르이고, 수필이라 칭하는 산문은, 응당 시로서 다 못하는, 시로서는 할 수 없는 수필만의 특징을 지니도록 써야 한다는 고민과 반성에서, 짧지 않은 침묵과 성찰의 기간이 필요하다고 생각했기 때문이다. 정말이지 수필 문학작품다운 수필을 쓰기 위해서, 기회 닿을 때마다 내가 읽어온 지난 일 백년 동안의 좋은 글들을 다시 읽고 재음미하고 했다.
 뿐만 아니라, 어떤 글과도 다른, 내 수필만의 특징을 가지도록 써야 한다는 강박과 압박에 시달리기도 했다. 제대로 된 수필을 써야겠다 마음먹고, 일상적 요청을 거의 피해왔다 싶은데도, 피치 못한 이유들로 이렇게 한 권의 분량이 되고 말았으니니-.

  내가 써온 글들 거의가, 주제와 내용은 물론 매수도 제한된 청탁에 따른 것이고, 대개의 경우, 청탁측 데스크에서 약간의 첨삭이 이루어졌기 때문에, 제목을 비롯하여 온전히 내 글만의 특징도 나타나지 못하거나, 내 맘에 드는 글도 되지 못하기도 했다. 그러나 어떻든 다시 손대어 첨삭하기도 했고, 자구 수정 정도에 그치기도 했으나, 충분하진 못하다. 엄두도 안 났고 시간내기도 어려웠다. 따라서 이렇게 한 권으로 묶으면서도, 속마음은 불편하지 않을 수 없지만, 어떤 일이든 완벽하여 정리하는 것은 아니라는 위로에 기대기로 했다.

  스물 몇 해가 넘도록, 어줍잖은 저의 산문에 애정으로 관심과 기대와 격려를 주신 독자들에게 고마움의 뜻으로 이 책을 묶는다.

                   2008년 초가을,

|| 차례 ||

1부

그 자리 그대로가 완벽하고 완전하다 · 13
남성 과일 · 20
「오늘은 언제인가」, 경주의 마술에 걸려서 · 23
보이지 않는 것을 보아내야만 · 28
사랑, 바닥까지 울어야 · 32
오류예! 창조적 오류이기를 · 35
흐린 날이 내 날이다 · 43
거짓말로 참말하기 · 46
자기에게 좋은 것이 최고 최대 최선 · 50
속요, 바닥 서민들의 해학과 육담 · 53
조금만 덜 용서해 주십시오 · 59
모든 기차는 대전발 0시 50분 목포행 완행이다 · 62
하고 싶어 늦은 때는 없다 · 65

2부

삿갓 시인 김병연의 방랑기를 따라서 • 69
감 익는 마을은 어디나 고향 • 72
상처의 꽃 시(詩), 가치 없는 것이 가장 가치롭다고 • 75
꽃보다 꽃다운 상처 • 79
시(詩), 인생을 망쳐도 좋다면 • 85
「까마귀의 길」, 자화상과 삶의 길 • 91
변하지 않는 유일한 것은 • 98
토르소가 읽은 「토르소」 • 108
차원 높은 유머, 다리 밑에서 주워왔다 • 114
상식을 끌어와 상식을 뒤집기 • 123
지금 여기보다 훗날의 거기를 살려고 • 128
지옥이 더 좋을까? • 136

3부

나는 마흔한 살 왼손이다 • 143
나병환자의 환부에 예수의 손이 • 149
반시론의 시론, 시론도 감옥이다 • 153
다시 태어나면 이런 사람으로 살고 싶다 • 162
엄마라는 말뜻은 잔소리 • 168
나 유안진의 3가지 진실 • 174
내 손녀 점심밥 • 177
인연, 나의 학문과 일연 대선사의 태몽과 • 183
할말이 남아 있다고 • 190
십리절반 오리나무 : 내 어머니의 나무노래 • 195
두 귀에 운동화를 신겼더니 • 198
시(詩), 이 사이비 종교는 과연 평화적인가? • 204
기죽이고 겁주어 오기로 덤비게 하는 책 • 207
나여! 나를 용서하지 마라 • 213

4부

밑질수록 보람 커지는 숙맥의 행복 · 223
봄은 춘천에서 온다 · 226
묻고 싶지 않은 질문, 나에게 시란 무엇인가? · 230
열정, 도전을 즐기는 힘 · 233
먹을수록 배고픈 꽃, 참꽃 진달래 · 236
그림자의 목소리 · 239
남성은 퍼석하지만 여성은 강골이라고 · 244
시(詩), 받침 하나가 모자라서 신(神)도 신도 못 되는 · 248
인류의 첫 의상, 무화과 잎새 · 250
아무것도 안 한 날이 중요한 일한 날 · 253
은발이 흑발에게 · 258
달빛만 받으면 증조할머니가 된다 · 265

1부

그 자리 그대로가 완벽하고 완전하다
남성 과역
「오늘은 언제인가」, 경주의 미술에 걸려서
보여지지 않는 것을 보이게야만
돌아오자, 바닥까지 올 수 있는 행복이여
오류엔 창조적 오류이기를
호권 날이 내 날이다
거짓말로 참말하기
자기에게 족은 것이 최고 최대 최선
속요, 바닥 서민들의 해학과 육담
조금만 더 용서해 주십시오
모든 기차는 대전발 0시 50분 목포행 완행이다
하고 싶어 늦은 때는 없다

그 자리 그대로가 완벽하고 완전하다

완벽하게 태어난 돌부처를 파괴하는 데 보낸 평생

수많은 불상을 만들며 늙어온 어느 위대한 석공에게 물었다. '부처님을 만드는 데 평생을 바쳤으니, 얼마나 보람된 일생을 사셨습니까. 틀림없이 극락에 드실 것입니다' 라고 치하하는 이에게 그는 이렇게 대답했다고 한다.
아이 적부터 나는 돌만 보면 열심히 쪼개고 깨트렸습니다. 수많은 바위를 부수고 깨트려 불상을 만들었는데,

이제와 생각하니, 완벽하게 태어나신 돌부처님을 부수고 쪼개고 파괴하는 짓을 하는 데 평생을 보냈던 것입니다. 산자락이나 개울가에 던져진 바윗돌은 있는 그 자리가 완벽한 절간이었고, 생긴 모습 그대로가 완전한 부처님이었지요. 그것도 모르고 나는 계셔야 할 자리에 계시는 부처님을 절간에서 끌어내고, 완전하게 태어나신 부처님을 깨부수는 짓만 하느라고 평생을 바쳤던 것입니다. 부끄럽기 짝이 없습니다. 무간지옥으로 떨어지고 말 것입니다. 이렇게 늦게서야 깨달았습니다. 이렇게 늦게서야 눈이 떠졌습니다.

저기 있는 저 돌이 이제야 부처님으로 보이기 시작했습니다. 저기 저 개굴창에 계심으로써 저 개굴창이 절간이 되는 줄을, 이 마을이 절간이 되고, 이 마을 아이들이 부처님의 무릎에 앉아서 놀고 누워서 어리광부리고 낮잠도 자고, 이 마을 아낙들이 부처님 뒤에 숨어서 눈물을 훔치고, 소변을 보고, 부처님 어깨에 옷을 빨래하여 널어 말리고, 시름 젖은 마음도 널어 말리며, 아이 어른 할 것 없이 이 마을 사람들 모두가 저 부처님을 모시고 사는 줄을 이제 겨우 알게 되었습니다. 왜 진즉 저 바윗돌 속에 계시는 완전한 부처님을 보아내지 못했을까요.

저 완벽한 절간을 보지 못했을까요. 계셔야 할 곳에 계시는 부처님인 줄을 왜 진즉 몰랐을까요. 너무 너무 부끄럽습니다. 너무나 후회가 됩니다라고.

보름달을 마시고 나니 배가 부르다

어려서부터 눈에 좋게 보이는 것이면 다 가져야 직성이 풀리는 부잣집 아들이 있었다. 좋다고 본 것은 다 가지면서 자란 그는, 드디어 세상의 좋은 것에는 시큰둥해지고 말았다.

보름달이 밝은 어느 밤에 강가를 거닐다가, 강물 속에 잠긴 보름달을 보자, 경이롭다는 생각이 들었다. 저렇게 희한한 것은 가져보지 못했구나. 비용은 얼마든지 줄 테니 저 달을 건져오라고 명령했다. 그의 하인들은 강물 속에 잠긴 보름달을 건져다가 주인을 기쁘게 해야 할 참이었다. 그러나 그것이 가능하기나 한 일인가. 하인들은 강물 속의 달은 하늘의 달과 마찬가지로 건져 올릴 수도 주인님이 가질 수도 없는 것이라고 고해 올렸지만, 명령은 준엄했다. 이때 영특한 어린 하인이 꾀를 냈다.

주인님! 강물 속의 달은 용왕님의 것이오니, 주인님께서 집으로 돌아가시면, 제가 달을 담아다 드리겠습니다 라고. 그리고는 주인을 모시고 집으로 돌아와 대접에 물을 담아서 주인의 창가에 두었더니, 보름달이 그 물 대접에 담겨 있지 않는가.

주인님! 이 달을 마십시오. 갈증이 가실 것입니다 라고 하자, 주인은 보름달이 담긴 대접 물을 벌컥벌컥 마셨다. 그러자 어린 하인은 빈 대접에 다시 물을 부었고, 보름달은 다시 물 대접에 담겼다. 주인은 그것도 마셨다. 이렇게 하여 물 대접에 빠진 달을 여러 그릇 마셔도 달은 계속 물 대접에 담겼다. 이젠 배가 부르다. 내일 마시자 라고 주인이 말했다.

나무들의 성토

가끔씩 앞산에 오르곤 했다. 그러다가 요 몇 년 사이에는 발길을 뚝 끊었다. 도시 생태공원으로 지정되어서 나무가 울창하여, 매월 첫 일요일마다 우리 구의 구민들의 산책대회도 열릴 정도로 맨발 산책로는 물론, 전망대도 그런대로 잘 꾸며졌다고 한다. 그래서 구민의 건강과 정서를 위한 산책과 운동코스가 되기도 하고, 약수를 받아 식수로 마시는 이들도 많다고 한다.

처음 이사를 왔을 때는 산길의 어린 나뭇가지가 얼굴과 눈을 찔러서, 조심해가며 약수터를 오르곤 했는데, 이제는 울울창창한 밀림을 이루어 산길 어디서나 시원한 그늘이다. 스무 해 남짓한 사이 어린 나무는 완전한 어른 나무가 되었다. 그래서 우리 동네 사람들도 즐겨 산을 올라 약수를 길어오기도 하고 맨발로 산길을 걷기도 했다고 자랑한다.

우리 가족도 가끔씩 산을 오르면서 나더러 함께 가자고도 한다. 그럴 때마다 나는 이런 핑계를 대며 따라가지 않는다. 앞산 나무들이 나를 욕하기 때문에 안 간다고. 무슨 욕먹을 짓을 해서 산의 나무들까지 욕을 하느냐고 물으면, 쓰잘데없는 글 쓰느라고 나무들을 버리게 만든 저 뻔뻔이가 오고 있다는 나무들의 규탄이 빗발치기 때문이라고. 책 만드는 데 버려진 나무는 수입한 외국나무로 된 종이인데…. 핑계 한번 좋다고 하지만, 왠지 쓰지 않아도 될 글을 쓰느라, 어느 나라의 나무였건 간에 여러 그루의 나무들이 나 때문에 버려진 것만은 사실이라는 생각이 들곤 했다.

비단 그런 생각이 든 이유만은 아니었겠지만, 글쓰기를 거의 중단한 지 벌써 10여 년은 된 것도 같다. 꼭 써야만 하는 글만도 많다. 시며 논문이며 많이 쓰지 않을 수 없지만, 아무튼 적게 쓰기로 작정한 이유 중의 하나가, 어느 날 문득 앞산을 오르다가 떠오른 나무들의 규탄과 성토 같은 것을 들은 듯해서였다.

직업의 요구를 위해서, 아무리 욕먹어도 쓰고 싶은 시를 쓰고, 써 모아서 시집을 출판하느라고, 나무들을 많이 베게 했던 것만은 틀림없다. 때로는 연구논문이 부진하다는 비난을 면하느라고 부지런히 쓰면서도 왜 이렇게 써야 하는지에 저절로 회의가 일고, 또 스스로 반문한 때가 얼마나 잦던가. 과연 이렇듯 여러 편의 시와 논문들이 우리에게, 인류에게, 얼마나 기여하기보다는, 편수나 채우고 공해나 만드는 짓이 아닌가 하는 회의가, 어찌 나 혼자만의 반성과 회의겠는가 마는….

있는 그대로가 창조자의 말씀이고 시이고 음악이고 그림이고, 산자락이 그대로 시집이고 논문인데…, 하는 어줍은 생각을 떨칠 수 없는 때도 얼마나 여러 번이던가.

노자는 평생 5,000여 글자밖에 안 되는 『도덕경』 한 권만 썼지만, 수천 년 동안 무수한 이들에게 얼마나 유익하게 읽히는가 말이다. 왜 읽어줄 이도 별로 없을 듯한 글을 이렇게 쓰고 또 써야 하는지, 죽어 무간지옥으로 가기 전에 이미 벌을 받고 있는 것은 아닐까?

있는 그 자리가 완벽한 곳이고 자연 그대로가 완전한 아름다움인데. 사람은 그것을 파괴하는 데 평생을 바치면서, 가치 있는 일을 한다고들 자부한다. 그 중 하나로서 아무리 마셔도 다시 담겨 채워지는 물 대접의 보름달 같은, 노자 『도덕경』을 다시 생각해본다.

남성 과일

한국의 민속에서 전통가옥을 보면 남성의 생활공간은 개방적이고 여성의 생활공간인 안채는 폐쇄적으로 대비를 이룬다. 사랑채, 사랑마당, 사랑방은 손님을 위해 항상 개방된 공간으로서, 남성을 상징하는 나무를 심었다. 그러나 우물 정(井)자 모양의 안채, 안마당, 안방은 타인이나 특히 남성에게는 폐쇄적인 여성만의 생활공간으로서 사방이 막혀 있다. 따라서 여성을 상징하는 수목과 화초를 심었다.

대나무나 난초, 대추나무, 호도나무는 남성을 상징하는 초목으로서 주로 사랑마당에서 자랐고 열매를 맺었다. 그러나 안채의 안당이나 뒷마당 뜰에는 국화, 앵두나무, 석류나무, 감나무 등의 여성을 상징하는 초목이 키워졌다. 왜냐하면 이런 여성 상징의 초목으로 여성의 정절과 격조가 강조되었고, 석류나 감 등의 여성적 상징 열매로서 다산(多産)의 염원을 상징했기 때문이다. 특히 석류는 꽃과 열매의 생김새가 여근을 닮았다고 보았고, 특히 열매는 익으면 벌어져 속이 훤히 보였다. 그래서 꽉꽉 들어찬 열매 속이 여성의 다산을 상징하고 또 기원한다고 보았다.

우물은 여성의 상징이었는데, 따스할 온(溫)과 우물 정(井)자가 들어 있는 지명은 기녀나 직업적으로 몸 파는 여성이 살도록 지정되었던 마을로 알려졌던 것, 역시 우물이 여성 상징으로 인정되었기 때문이다. 우물의 생김새와 물이 여성의 월경수와 생산력과 상관되었기 때문이다. 즉 산이 남성의 상징이었음에 대비되어 물은 여성의 상징이었으니까.

자녀의 생산에서 남녀가 함께 참여하는 줄을 알던 시대였음에도, 여성의 가치는 언제나 다산 풍요와 깊이 관계시켰으니, 장롱이나 반닫이 등의 여성 가구에는 박쥐, 나비 등의 다산을 상징하는 장식을 사용했다.

전통적인 혼례에서 신부가 혼례 후에 시부모께 폐백을 드리면, 시부모는 대추와 밤 또는 밤 대신 호도를 두 손으로 가득히 집어서 신부의 치마를 크게 펼치도록 하고는 신부의 치마에 던져주면서 '아들 딸 많이 낳고 잘 살라'고 축언 덕담을 하는데, 실은 모두 아들 즉 남성을 상징하는 과일들이니, 남아선호를 의미한 것이다.

대추나무가 많은 마을은 양반마을로, 조상제사를 잘 받들어서 남자 자손을 많이 낳은 마을로서, 지나는 과객들의 부러움을 사기도 했으니, 대추가 남성 상징으로 제사상에는 빠질 수 없는 자손 즉 남자 자손의 기원이었음을 알 수 있다.

「오늘은 언제인가」, 경주의 마술에 걸려서

연꽃 피고 있는 돌에

웃음소리 들리는 돌에

온기 따스하게 묻어나는 돌에

아기스님들 자꾸 태어나는 돌에

경주 남쪽 금오산 절벽마다 기대어 서 계신 마애불 상품에

얼굴 파묻고 한없이 한없이 울고 싶은 오늘

이 무궁한 현재에서

오늘은 언제인가

나는 또 누구인가 무엇인가.

경주에 가면 서라벌의 마술에 걸린다. 신라 천년이 익힌 마법으로 경주는 마술을 건다. 나는 번번이 경주의 마술에 걸려서 나 아닌 무엇이 되곤 한다. 나 아닌 누가 된다, 무수한 누가 된다, 오늘이 아닌 천년 전의 누가 되고 수백 년 전의 누가 되어 버린다. 아사녀도, 요석궁도 불교스님도 된다. 아기스님이 된다, 마애불 품어 안은 바윗돌이 된다. 연꽃이 된다. 연꽃 피는 돌이 된다. 오늘 아닌 천년 전 수백 년 전이 된다. 무궁한 현재가 된다. 달빛이 된다. 반월이 된다. 경주의 마술이다. 그래서 가봤으면서 거듭 거듭 찾아가게 된다.

반월성이라는 궁터가 된다. 만월을 채우려던 신라는 천년이 흘렀어도 채우지 못한 채 반월 궁터로만 남아 있다. 그래서 누구나 나머지의 반월을, 나머지 천년을 기약하게 된다. 그런 꿈이 미래가 아니겠는가.

아랍국의 국기에는 초승달과 별이 그려져 있지. 초승달이 만월로 차오르도록 그네들의 희망은 멀고 아득하다. 그만큼 영원한 소망을 가진다는 뜻이리니, 뜨거운 태양열 아래서 서늘한 길잡이로 달을 붙잡은 유목민족의 소망을 읽을 수 있어, 신라도 혹시 유목민의 후예가 아니었을까? 화랑과 여화랑들이 유목을 통해서 기량을 키웠으리니, 반월 궁터에서는 유목의 피를 느끼게 된다. 목청 뽑아 '신라의 달밤' 도 불러보고 싶어진다.

경주에서는 오늘을 잊게 된다. 내가 무엇인지 누구인지 묻게 된다. 내가 혹시 신라 때의 여화랑이거나, 아사녀이거나, 천관녀이거나 또는 일오천 물가에서 기랑을 기다리며 기파랑가를 부르던 신라 처녀들 중 하나가 아닐까 묻게 된다.

계보로 따진다면, 나는 부여나 고구려의 후예일 텐데…. 유(柳)씨의 종친회보는, 나의 조상 할머니가 해모수의 연인이었고 금와왕의 후비였으며, 해모수의 아들 고주몽의 어머니인 유화(柳花)부인이라고 하니, 부여인들과 고구려인들이 해마다 추수를 마치고 곡모신(穀母神)으로서 유화와 자신(子神)으로 고주몽 즉 모자(母子)에게 추수감사제인 무천제(舞天祭)를 지냈다는 기록으로…. 신라보다는 고구려의 혈통에 더 근친일 터인데도, 경주에 오면 전생에는 분명 신라 초기적의 여화랑 중의 하나였을 거라는 착각도 하게 된다. 분명 서라벌의 마술이다.

아니 아니 연꽃 피고 있는 돌이거나, 온기 따스한 돌에서 자꾸만 웃음 웃는 아기스님이거나, 금오산 벼랑에 새겨진 어느 보살이거나 아마도 그들 중 하나일 거라고.

엉터리이긴 해도 나는 기독교 신자인데 어떻게 이런 불도적인 생각이 드는지, 시공도 종(種)도 초월하게 만드는 서라벌의 마술이다.

경주는 내 일찍이 사랑해 마지않았던 겨울남자 김시습을 떠올리게 한다. 혹한보다 통쾌했던 겨울남자 김시습을. 숨막히던 조선조의 유일한 환기통이었던 매월당, 자유에 부유했고, 목구멍은 거렁뱅이였지. 파렴치와 탐욕의 피비린내에 온몸으로 분노했고, 구린내 진동하는 시대와 세상을 냉소로 살았던, 삭풍 속에 향기 드높던 꽃송이 설잠 매월당을, 끝없는 방랑과 기행으로 끝간데 모를 끝끝으로 내몰린 그의 평생은, 내가 살고 싶었던 바로 나의 꿈이었으니까.

조선은 너무 좁아 그를 담아낼 수가 없었고, 그의 생애는 너무 높고도 광활해서 조선이라는 쬐고만 종재기에는 담길 수가 없었으니까. 그가 『금오신화(金鰲新話)』를 썼다는 경주 남산(금오산) 기슭에 호젓이 묻혀서, 그를 기다리는 주막네도 되고 싶었으니까. 몰아치는 눈보라에 꺼질 듯 가물되는 등불 하나 내걸어두고, 이빠진 막사발에 썩은 엄지손톱이 푸욱 잠기도록 탁배기 술 가득 채워놓고 그를 기다려, 긴 밤을 곧추 앉아 새우는 주막네가 되고 싶기도 했으니까.

경주는 늘 이렇게 나를 홀려서 날리다가 아무데나 내동댕이쳐 버린다. 어디에 떨어져도 무궁한 내가 된다. 허공에 가득한 먼지 알갱이, 낯선 달빛 한 점이 된다.

경주 가서 여러 편을 썼고, 위의 것도 그 중 하나이다. 만월을 포기 못한 반월이 되어, 쓰고 또 쓰고 싶다. 또 다시 경주 가서 서라벌의 마술에 홀리고 홀려서.

보이지 않는 것을 보아내야만

 어느 수도원의 수도원장이 유독 한 수도생을 몹시 편애했는데, 참다못한 수도생들이 원장을 찾아가 항의를 하자, 그럴만한 이유가 있기 때문이라고 배짱 좋게 대답했다. 그 이유가 무엇이냐고 항의하는 수도생들에게, 수도원장은 그는 자네들과는 다르기 때문이라고 역시 배짱 좋게 대답했다. 화가 난 수도생들은 그가 우리와 다른 증거를 보여달라고 대들자, 수도원장은 모두 강당으로 모이게 한 다음, 모인 수도생들에게 사과 한 개씩을 나누어주면서, 아무도 안 보는 곳에 가서 사과를 먹고, 증거로 사과 속 승텡이를 들고 오라고 했다.

이에 모든 수도생들은 사과 한 개씩을 들고 나가서는, 아무도 안 보는 곳을 찾아가 사과를 먹고 숭텡이를 들고 돌아와 제자리에 앉았다. 그러나 수도원장이 편애하는 수도생의 자리만은 비어 있었다. 기다리는 수도생들은 수근거렸다. 사과 하나 먹을 곳도 못 찾아 이렇게 기다리게 하는 녀석을 편애한다고 원장을 비난했다. 한참을 기다린 뒤에, 드디어 나타난 그의 손에는 사과가 그대로 쥐여 있지 않은가. 수도생들은 모두 어이가 없어했다. 수도원장은 사과를 손에 들고 어쩔 줄 모르는 그에게, 왜 사과를 먹지 않고 그대로 가지고 돌아왔느냐 묻자, 그는 아무리 찾아봐도 아무도 안 보는 곳이 아무데도 없어서 먹지 못했다고 대답하지 않는가. 수도원장의 얼굴에는 만족의 미소가 가득 피어났다. 그리고는 모두에게 형제 여러분! 이래도 내가 저 형제를 편애하지 않을 수 있겠습니까? 라고 큰소리로 당당하게 말했다고 한다.

누군가가 꾸며낸 얘기겠지만 바다 밑창까지 내려가도 신이 계시고, 골방 속에 숨어들어도 신은 보고 있다는 믿음이 없다면, 어떻게 수도원에서 신의 사제가 되겠다고 하겠는가.

마틴 하이데거는 있는 것 뒤에는 있음이 있다고 했다.

어쩌면 눈에 보이는 있는 것 모두는, 있는 것 뒤에 있어 안 보이는 있음들의 그림자들일지도 모른다. 가시적인 것만이 전부라고 생각하는 이는 없지만, 안 보이는 것을 보아내려고 노력하는 이는 드문 것 같다. 나는 학생들에게 늘 강조해 왔다. 결혼할 사람을 선택할 때는 열쇠 몇 개를 해올 사람보다는, 장차 열쇠 몇 개를 벌어들일 사람을 고르라고, 아니 가져올 열쇠 몇 개보다 더 소중한 것들을 만들어낼 능력을 보아내라고.

용의 눈에는 돌이 안 보이고, 물고기의 눈에는 물이 안 보이고, 새의 눈에는 공기가 안 보인다고들 하지만, 돌과 물과 공기는 있지 않은가. 보이지 않아도 산소며 원자며 분자 등의 존재를 의심하지 않는다. 훨씬 더 많은 것들은 보이지 않는 것들이고, 추상적일수록 소중할수록 육안으로는 보아낼 수 없는 것들이 훨씬 더 많지 않는가.

몇 년 전에 어느 은행에 들어서니 「다보탑을 줍다」라는 내 시의 전문이 유리문에 붙어 있어 너무너무 놀라고 또 민망스러워 어쩔 줄 몰라 하자 직원들이 말했다. 10원짜리 동전을 날마다 만지면서도 다보탑이라고는 생각해 본 적이 없다고. 10원짜리 동전을 다보탑으로 본 것은 안 보이는 것을 보아낸 것이 아니라, 뒷면을 본 것일 뿐이다. 세종로에서 세종대왕을 퇴계로나 율곡로 충무로에서, 퇴계선생이나 율곡선생, 이순신장군을 본받을 생각은 못하지만, 시를 비롯한 모든 예술은 보이지 않는 것을 보아내려는 노력의 산물이다. 모든 창조는 보이지 않는 것을 보아내려는 노력이다. 보이지 않는 것을 보아내려는 노력이, 진정한 학문이고 예술이고 문명과 문화의 창조로 가는 훈련이 아닐까.

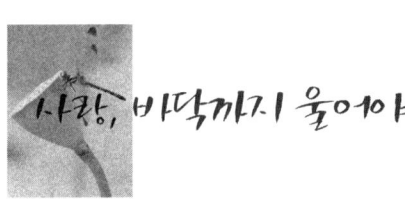

사랑, 바닥까지 울어야

전통적으로 우리의 행복은 오래 살고[壽], 부유하고[富], 건강하고[康寧], 덕을 즐겨 행하고[攸好德], 제명대로 살다 죽는[考終命] 것이 오복이었다. 이 중 유호덕을 제외하면 지극히 사적이고 이기적이거나 세속적이라고 할 수 있지만, 그만큼 정직하다고도 볼 수 있다.

그러나 5복에 비하면, 예수의 8복은 사회적이고 철학적이고 도덕적, 미학적이라 아니 할 수 없다. 제자들에게 가르친 예수의 행복론(「마테오복음」 5:3~11)은 마음이 가난해지는 행복, 애통할 수 있는 행복, 온유해지는 행복, 정의로운 것에 주리고 목말라 하는 행복, 불쌍히 여길 줄 아는 행복, 화평하게 할 줄 아는 행복, 마음이 청결해지는 행복, 옳은 일을 위하여 억울해지는 행복이다. 이들은 천국을 차지하고, 위로받고, 땅에서 평안하고, 적게 먹어도 배부르고, 하느님의 불쌍히 여김을 받고, 하느님과 만날 수 있고, 하느님의 아들이 되고, 하늘나라를 가지는 행복을 누린다. 이 8복은 먼저 마음이 가난한 데서 시작되어야 다음의 7가지 행복으로 이어진다는 뜻은 아닐까.

　나는 오복 개념을 떨치지 못하고 8복을 이해하려 하면서 그 중에도 애통하는 자의 행복을 수긍하기 어려웠다. 그러다가 언제부턴가 오래오래 깊이깊이 울지 못하고, 울고 싶어 못 견디겠는데 암만 애써도 울어지지 않았다. 마음껏 울고 나면, 가슴 속 바위덩이가 저절로 녹아지고 씻겨져 버릴 텐데도 울어지지 않았다. 수없이 벼르고 성당을 찾아가도 울어지지 않았다. 남을 위해서는 말할 것도 없고 자신을 위해서도 울어지지 않았다.

　어리고 순진한 때는 글을 읽거나 얘기를 전해 들어도 아픔과 슬픔을 주체할 수 없었는데, 그렇게 타인의 아픔까지 감정이입이 되었는데, 이제는 자신의 뼈아픔에도 깊은 속 바닥까지 아프고 슬픈 울음이 안 나온다. 절절히 뉘우쳐지지 못하는 탓인가? 내 하소연에 어떤 작가는 눈물은 청춘의 꽃인데, 아직도 청춘인 줄 아느냐고 핀잔도 주었지만, 애통이라 할 만큼 애통하기가 이렇게도 어려운가? 애통할 수 있는 자체로서도 위로받음인데….

  마음이 가난해야 애통할 수도 있는데, 부질없는 욕심으로 채워져 참된 뉘우침의 애통함이 깃들 빈터가 없는가? 불행하지 않으면 행복한 것이라고 우기며 살아온 탓일까? 밑바닥까지 울고 싶다. 조용히 오래 바닥까지 흐느끼고 싶고, 남의 울음까지 울고 싶고, 세상의 울음을 대신 우는 바다처럼 넘치게 울고 싶은데도, 울 수 있는 행복은 어딜 가서 이렇게 오래 돌아오지 않는가?

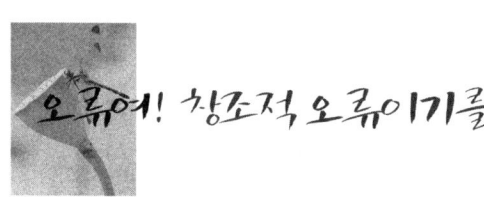

오류여! 창조적 오류이기를

나는 오류(誤謬)이고 오류(五流)이다. 오류(誤謬)는 '이치에 어긋남'이다. 틀린 인식이다. 오류(五流)는 선(選) 밖의 바깥이다. 3, 4류를 지난 한참 등외이지만 오류(誤謬)이건 오류(五流)이건 둘 다 좋다.

을미사변 때 유림의거로 증조부를 잃은 아홉 살 소년 조부는 편모슬하에서 서럽고 외롭게 자라신 탓에, 한미한 집안을 위해 장손자를 기대했지만 나는 첫손녀였다. 나는 이렇게 오류로 태어났다. 지어둔 사내아이 이름은 어찌저찌 내게 물려졌고, 나는 사랑에서 한문을 배워야 했고, 안채에서는 여중군자(女中君子)의 덕목을 강요받았으니 오류(誤謬)였다.

도시로 나간 사춘기 때도 물 긷고 장작도 패고 두꺼비집 휴즈도 갈아 끼우는 아들 일을 맡았으나, 밥하고 상차리며 버선과 저고리도 만들어야 했다. 어려서부터 해결사였고, 부모님 사후에도 친정 제사와 선산봉사도 책임진, 양서류(兩棲類)의 오류이다.

내 전공은 교육심리학이었으나 제일 먼저 시인이 되었다. 시집 두 권을 상재(上梓)하고 뒤늦게 도미(渡美)하여 학위를 취득했지만, 전공에선 취직하지 못하고 전공의 한끝인 발달심리학에 겨우 목매달고, 출신대학 출신학과 아닌 타 대학의 낯선 전공에 빌붙어 먹고 살았으니, 역시 오류가 아닌가.

유학 중에 우리 민속의 진가에 눈이 떠져서, 돌아오자마자 우리 고유의 아동 및 여성 민속에 몰두했다. 된장 냄새 쩔은 엽전들의 지혜를 모아 최초의 전통육아방식, 전통유아교육, 전통아동심리요법 등 학문으로 체계화

했다. 그걸로 국비유학의 심리적 빚을 갚았다고 자위했다. 미국 박사가 평생 촌티 나는 우리 민속을 파고들었으니, 오류 아닌가.

내 우편물은 자주 국문학과로 배달되곤 했다. 문학 전공자도 아닌 내가 계속 시를 써 왔으니 많은 이들이 혼동했던 것도 역시 오류였다.

나는 내 손으로 명퇴를 신청해 조퇴(早退)했다. 낮게 살며 자유롭고 싶었다. 너무 고단했다. 먹고 사는 데만 목을 매고 살아와 너무 억울했다. 내가 나를 해방시켜줘야 한다고, 책임과 의무뿐인 생애가 너무 억울해서, 사는 듯이 살아보고 싶었다. 사는 듯이 사는 게 어떻게 사는 건진 몰라도, 라면도 잘 먹는다고.

박혁거세의 어머니 사소녀를 모성으로 칭송한 글이 혁거세를 사생아로 몰았다 하여 박씨문중에 3년여를 시달렸다. 그 사건이 나를 눈뜨게 했을까? 그토록 미쳤던 우리 민속에 대한 사명감이 짝사랑이자 착각이었다고 깨달았다. 시와 학문의 두 바퀴를 동시에 굴려온 평생이 너무 고달팠다. 시단행사와 학회행사는 늘 겹쳤고 시단행사를 포기하고 학회행사에 가는 날은 늘 화가 났고, 학회행사를 버리고 시단행사에 참석하면 또한 괴로워해야 했으니까.

남들은 어느 하나도 못하는데 두 분야씩이냐는 비아냥도 참았지만, 둘 다 가짜이고 오류(五流)라고 대답했으니까. 팔자가 오류일 바에야 창조적 오류이고 싶었는데, 창조적 오류! 평생 오류의 오기(傲氣)이긴 한데, 창조적 오류는 어때야 하지?

도깨비가 되고 싶은

'자화상'을 구름의 딸이자 바람의 연인이라고 쓴 적이 있다. 비(雨)의 족속이라서 마르지 않던 여자들의 눈물은 이슬이나 서리 눈발이나 강물이나 바닷물 등으로, 그 모양새만 바뀔 뿐 그대로 물려받게 된 구름의 딸일 수밖에. 그리운 것은 늘 잡힐 수 없는 바람 같은 허상일 뿐.
누구나 한창 때는 세상을 뒤집어엎고 세상을 주름잡으

리라 꿈꾸었으리라. 나도 그랬다. 그러나 세상이 생각처럼 호락호락하던가? 내 힘으로 뒤집어질 세상이던가? 내 인생 하나 뒤집어엎었고, 내 얼굴 하나 주름잡아온 것을 겨우 깨달으니 차라리 도깨비이고 싶었다.

어린 날 상상의 세계로 데리고 다녀주던 도깨비의 장난질이 아직도 그리우니, 유치함을 벗어나긴 틀렸다. 유치해도 좋으니 도깨비와 한바탕 씨름하는 어느 밤 어느 고갯목도 꿈꾸곤 한다. 그 많던 도깨비들은 다 어디로 갔을까?

농경시대의 그 많던 도깨비들을 다 쫓아낸 고도 정보 산업화시대에 새로운 도깨비가 되어, 시공과 경계를 넘나들며 때 없이 출몰하며 어슬렁거리고 싶다. 전 시대에는 없었던 여자 도깨비가 되어, 어둠을 즐기는 자유를 누리며, 사람과 귀신 사이를 희롱하듯 오가는 여유를 누리고 싶다.

산에는 산신, 냇물이나 우물에는 용신, 고갯길에는 서낭신, 골목마다 객귀걸신, 문간에는 길흉화복의 들고남을 관장하는 문신, 대청마루에는 성주신, 안방에는 삼신할미, 부엌에는 조왕신, 뒷간에는 측간신 등등. 그 우글거리던 우리의 인격신들은 다 어디로 쫓겨났는지, 찾아가서 용서라도 빌고 데리고 오거나, 거기 눌러 함께 살아도 좋은 미즈 도깨비가 되고 싶다.

창조적(創造的)으로 오독(誤讀)을 기대하며

나는 다음을 믿는다. 평생 신앙을 품었다 버렸다 하며 살아오면서도, 다음이라는 약속은 믿는다. 이 믿음으로 '지금 여기'는 다만 임시이고 연습이고 실험일 뿐이라고. 진짜 신세계, 새 하늘과 새 땅의 '거기'가 있다는 나야말로 진정한 미래파이다. 나의 다음이 진정한 내 삶이기를.

내 본명은 글라라이다. 아무리 살아도 성녀 글라라는 닮을 수 없는데도, 김정수 신부님은 왜 글라라를 본명으로 주셨을까? 가장 고루한 유교가문에서 자랐으면서도, 게다가 전통문화를 전공한 내가 가톨릭이란 사실도 오류 중의 오류이다.

8살 때 만난 애목수 예수는 멋진 소년이었다. 처녀 적의 청년 예수는 가장 이상적인 연인이었다. 누구에게도 이해받을 수 없는 그의 이상, 그의 고뇌, 그의 고독이 나를 매혹시켰다. 그는 무수한 나의 배반에도 나와 함께 중년을 거쳐 함께 늙어간다. 나와 함께 저 높은 곳이 아닌, 저 낮은 곳을 지향하느라고 더불어 고뇌한다.

나는 늘 보이는 저편의 안 보이는 영원에 목말라 여러 종교를 더듬었지만, 민속 공부에 딸려오는 정겨운 무속과 깊고 심오한 불교와, 반듯한 유교를 다 좋아하면서도, 선택은 예수교이니 이 또한 창조적 오류가 아닌가.

Do Dreams! Be the Newest! 가장 한국적이면서도 가장 서구적이고, 시인이면서도 사회과학 학도이며, 가장 전통적이었으나 모던과 쉬르를 좋아하며 가장 머나먼 초현실에 목을 매는 나는, 아직도 꿈꾸고 가장 앞선 최신의 무엇이고 싶다. 이 또한 오류 중 최대 오류인 줄 잘 안다.

그래서 나를 알든 모르든, 내가 쓴 학문적 책이든 문학적 책이든 무엇이든 간에, 내 모든 것이 창조적(創造的)으로 오독(誤讀)이 되기를 바랄 뿐이다. 그래서 창조적 오류가 창조적으로 오독된다면, 나의 선택은 정당화되는 것이라고. 오류(五流)여! 부디 창조적 오류(創造的 誤謬)가 되어다오, 창조적(創造的)으로 오독(誤讀)되는.

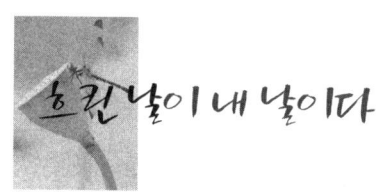

흐린 날이 내 날이다

어제는 종일 안절부절 했다. 눈부신 햇빛에 꽃과 잎이 한꺼번에 다 피어서, 어디에다 눈길을 던져도 꽃이고 신록뿐이었다. 너무 좋은 것은 너무 좋아서 탈이다. 종일 들락거리다가 어두워져서야 편안해졌는데, 오늘은 아침부터 흐리더니 비까지 뿌려서 내 날이 되었다.

밝고 화창한 날씨에는 내가 나를 떠나버린다. 세상 허영에 들떠서 나를 버리고 떠났던 생각이나 느낌이 흐리거나 비가 내리면 슬그머니 돌아온 듯, 저절로 차분해지고 깊어지고 넓어지는 것 같다. 그래서 밝은 날은 허드렛일을 하기에 좋지만, 폭우가 아니고 비 오는 촉촉한 날이나 흐린 날에는, 내가 나만큼 나다워지면서 깊어지고 넓어지는 것 같아, 하고 싶은 일이 가장 잘되고 무엇을 해도 제대로 되곤 한다.

  날씨가 흐리거나 비가 내리면, 진한 커피를 쓰도록 덧타서 돌아온 나를 영접하고 싶다. 함께 마시면서 떠돌며 무쳐온 세상 냄새, 바람 냄새를 건네 맡아보고 싶다. 얼마나 외로웠고, 얼마나 서러웠고, 얼마나 고단했는지, 세상은 얼마나 광대한가, 얼마나 황량한가, 얼마나 아름답고 다채로운가 등, 키만큼 깊이만큼 무게만큼 전해오는 것도 같다. 이런 날은 내가 나 이상도 나 이하도 아닌, 있는 대로의 나만큼이 된 듯하다. 자신을 더도 덜도 말고 자기만큼만 느끼기가 얼마나 어렵던가.

  호롱불 밑에서 아동기를 보내고, 30촉 흐린 전등불 아래, 앉은뱅이 책상에 엎드려 숙제하며 자란 탓인지, 휘황찬란한 대형 백화점에서는 불빛에 눈이 아프고, 그러다가 곧잘 나를 놓쳐버리지만, 침침한 동네 구멍가게에서는 내 시력도 아주 편안해져서, 내가 나를 놓치는 일은 거의 없다. 요즘은 불빛도 너무 밝고, 앉은뱅이 책상도 없어졌고, 인터넷 PC 모두 의자를 사용하게 되어 다리까지 쉽게 피곤해진다. 그래서 나도 모르게 의자를 밀어버리고 책상 밑에 기대앉아 책을 읽곤 하는데, 가족들은 질색하지만 나는 눈과 다리가 편해서 좋다.

  이도 역시 수십 년 된 버릇이다. 유학시절 서양인의 긴 다리에 맞춘 도서관 의자는 내 짧은 다리에는 무척 힘들었는데, 학위논문을 준비하는 학생에게는 캐롤이라는 아주 작은 방을 빌려주는 덕분에, 그 방을 얻어서 책상 밑에 앉거나 누워서 책을 읽고 논문을 구상할 수 있었다. 도서관 안에 칸을 막은 캐롤이라, 내 맘대로 전등불을 조종할 수 없어, 불빛이 밝아 눈이 아픈 책상 위보다는, 적당히 어두운 책상 밑이 책 읽고 메모하거나 누워서 쉬기에도 아주 좋아, 즐겁고 편하게 이용하곤 했다.

  이래저래 흐리거나 비 오는 날은 내 날이 되어 무슨 일을 해도 넘치거나 모자라는 실수도 적게 하게 된다. 그러나 내 날이다 싶은 이런 날을 들러리, 허드렛일로 나다녀야 하면 정말 속상하고 아깝다. 사람마다 비슷한 듯 서로 달라서, 우리 각자는 서로 다른 능력으로, 서로 다른 때에 서로 다른 면에서 서로 다른 방식으로, 가정과 직장과 사회와 세상에 누구도 대신할 수 없는 기여를 할 수 있는 게 아닐까?! 남들이 다 잠든 시간이라야만 일이 잘되는 이들이 의외로 많이 있듯이.

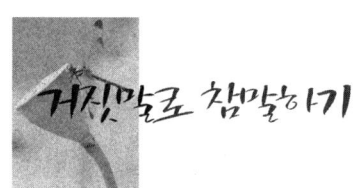

1. 뻔한 거짓말

6년을 만나오면서도 청혼은커녕 사랑의 고백조차 듣지 못한 화풀이로 '이제 그만 만나요' 라고 뾰로통 화를 냈는데 '진심이야? 그러지 뭐!' 그렇게 헤어져 남남으로 살아온 연인들이 있지.

'급히 쓸 데가 생겨 그러는데, 한 오백 없어?' 더 멋진 여자를 소개받고, 사귀던 여자를 떼어버리려고 거짓말을 했는데, 자취방 전세를 빼서 주더라고. 천벌 받겠다 싶어, 결혼해서 30여 년을 잘 살고 있다는 부부의 회고담이었지.

'그 눔 되게 못생겼네, 모냄아! 그저 울퉁불퉁 모개처럼 아무따나(아무렇게나) 크거라.' 돌잔치에 가서 돌맞이 주인공에게 하던 덕담이었다. 이쁘다거나 잘 생겼다고 하면 귀신이 듣고 잡아간다고 즐겨 거짓말을 했지.

'우리 집 밥데기야, 얼른 인사해!' 자기 아내를 소개하던 남편들의 말이었지. '나 같은 메주가 뭘 할 줄 안다고.' 스스로를 낮추는 겸양의 시대가 있었지. 그런 시대를 다 거쳐서 제 자랑도 부풀려서 하는 뻔뻔 시대를 살고 있다. 나도 뻔뻔해져서 새빨간 거짓말로 새하얀 참말 시를 쓴다.

2. 차원 높은 거짓말

너무 놀라운 거짓말은, 지금은 없어진 공산주의 시대의 거짓말이었다. 출처를 잊어버렸지만 루마니아의 어느 초등학교 교실에서 선생님이 아이들에게 가르치고 시험을 치르는 내용이었다. 여러분 잘 배웠지요? 모르는 사람 아무도 없지요? 이렇게 확인한 선생님이 아이들에게 물었다.

'여러분의 아버지는 누구죠?' 이 질문에 아이들은 '니콜라이 차우세수쿠요' 대답했다. 무척 만족한 선생님이 또 물었다. '여러분의 어머니는 누구죠?' 이 질문에도 아이들은 '에레나 차우세스쿠'라고 대답했다. 이 대답에도 만족한 선생님은 또 물었다. '여러분은 어떤 사람이 되고 싶어요?' '고아(孤兒)요.' 아이들의 대답이었다

소련의 아이들과 어른들의 대화였단다. 생일 선물로 무엇을 받고 싶어? 라는 질문에
한 아이가 얼른 대답하기를 '트루먼 대통령에게 뺨맞고 싶어요'라고 했다. 깜짝 놀란 어른이 까닭을 묻자, 그 아이는 '내가 미국 아이이거나, 트루먼이 우리 대통령일 테니까요.'

어느 위성국가에서 모스코로 가는 비행기의 기내방송이었다. '신사숙녀 여러분! 이 비행기는 곧 모스코공항

에 도착합니다. 담뱃불을 끄고 의자를 바로 세우시고 안전벨트를 매어 주세요. 그리고는 손목시계를 10년 뒤로 돌려주세요.'

너무 멋진 거짓말이어서, 이 텍스트는 내 평생의 거짓말 공부가 되지 않을까 생각한다.

3. 시적 거짓말

우리 어머니의 거짓말은 생각할수록 기막히게 시적(詩的)이었다 아니할 수 없다. 겨울철에 얼어붙은 무쇠 문고리에 물 묻은 손이 쩍쩍 붙어버리는데, 방문을 열려고 하면 '문 닫고 들어왔는데 왜 이리 춥노' 라고 하셨다. 또 우리가 외출을 할 때면 '대문 닫고 나가거라' 라고도 하셨다. 한술 더 떠서 나는 내 아이들에게 '대문 잠그고 들어와라' 고 소리를 친다.

언제부터였는지 내 주된 관심은 거짓말 공부이다. 어떻게 하면 새빨간 거짓말로 새하얀 참말을 할 수 있을까. 참말로 참말하기보다 너무 어렵다.

자기에게 좋은 것이 최고 최대 최선

생선장수가 생선을 지고 팔러 다녔다. 생선은 다른 상품과는 달리 잘 상하므로 될수록 빨리 팔아버리는 것이 이익이 되어, 지고 온 생선을 다 팔려는 욕심에서 늦게까지 팔러 다니다가 그만 날이 저물고 말았다. 생선은 다 팔았으나 날은 저물었고, 게다가 폭우까지 쏟아져서 도저히 집으로 갈 수가 없었다. 마침 어느 부잣집의 크고 높다란 대문 앞에서 쏟아지는 비를 피하고 섰는데, 집으로 돌아온 주인과 하인들이 의심스런 눈으로 그를 보고 물었다.

생선장수는 최대한 공손하게 자기의 사정을 이야기 하

고, 폭우가 그칠 때까지만 대문 앞에서 밤을 지내도록 아량과 자비를 베풀어주시면, 복을 많이 받으실 거라고 허리를 굽실거렸다. 주인은 아량과 자비라는 말에 그 생선장수에게 빈 헛간이 있으면 하룻밤을 지내도록 해주라고 하인들에게 일러주고는 집안으로 들어갔다. 아늑하고 화안한 방안으로 들어가서 어린 아들을 덜렁 안아 올린 주인은, 문득 복을 많이 받을 거라는 생선장수의 말이 떠올라서, 하인을 불러 생선장수에게 손님방에 들어 자고 가게 하라고 일렀다.

부잣집의 손님방에 든 생선장수는 처음 보는 잘 꾸며지고 화려한 가구들과, 깨끗하고 푹신한 침대에 누워보니 너무너무 행복했다. 세상에는 이렇게 좋은 잠자리도 있구나 하고. 태어나 처음으로 누려보는 호강스런 잠자리에서 단잠을 잘 수 있겠구나 하고, 주인댁에 너무너무 감사하게 생각했는데, 아무리 잠을 자려해도 잠이 오지 않았다. 종일 걷고 외치며 다니느라 온 몸 마디마디가 쑤시고 저리고 아픈 데다, 차가운 비에까지 젖었으니, 오한이 일고 몸살이 오는 것 같아 전혀 잠을 잘 수가 없었다. 게다가 자기의 더러운 몸과 옷에 묻은 땟국이 깨끗하고 화려한 이부자리에 묻으면 어쩌나 하는 조심스런 생각까지 겹치면서, 푹신하고 따뜻하고 부드러운 침대 속은 헛간의 짚자리보다 불편해졌다.

  새벽까지 몸을 뒤척이면서 잠들지 못하던 생선장수는, 드디어 자기 짐을 챙겨서 헛간으로 가 짚자리 위에 누웠다. 그리고는 생선을 덮고 팔러 다니던 보자기를 덮고 눕자, 쩔어든 생선 비린내와 익숙한 생선 고린내가 그를 금방 편안하게 해주었다. 그 냄새에 그는 금방 단잠에 곯아떨어질 수 있었다.

  가끔 화려하고 눈부신 고급호텔의 고급식당에서 모처럼 멋진 진수성찬을 먹어볼 기회도 얻는다. 그러나 돌아와서 내 입맛에 맞는 된장국과 김치찌개가 더 맛있고, 먹고 나도 속이 편안해지기도 한다.

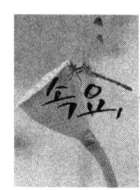 속요, 바닥 서민들의 해학과 육담

  오늘 아침에도 날콩가루로 세수를 했다. 1970년대 말 대구 변두리, 구판장이라는 어느 구멍가게에서 우연히 할머님 한 분을 만났다. 가게 앞 길가에 놓인 들상이라는 평상에 걸터앉아 담뱃대 불을 켜던 분이었다. 나는 서툰 솜씨로 담뱃불을 붙여 드리고는 막걸리 한 병을 권하며, 대여섯 시간 넘게 이야기를 들을 수 있었다.
  곱게 바느질한 한복, 남끝동 반호장 흰저고리의 이가 잘 물린 동정과 깃, 그리고 이쁘게 맨 진보라 옷고름에 검정 치마를 입고 있었고, 더구나 초여름이었는데도 참으로 깨끗한 흰고무신에, 새하얀 버선을 신은 폼이 고귀

한 기품조차 느끼게 했다. 당시만 해도 농촌 부녀자들 특히 안노인네들은, 앞섶이 구겨지고 말려 올라간 막저고리 밑 아래로, 허릿살이 드러나도 개의치 않던 소탈한 모습들이었는데, 이분은 단아한 아름다움까지 풍기는 80대 안노인이었다.

이야기는 어쩌다가 기생과 권번(券番)으로 흘렀고, 유난히 권번에서의 엄격한 동기(童妓) 즉 아이 기생들의 수업에서 자꾸 맴돌았다. 나는 우리식의 아동양육 교육관련 자료를 모으느라 관심 밖으로 흘러 오래 맴도는, 기생이나 권번의 풍속에는 관심이 없어, 기회를 엿봐서 이야기를 내 관심 안으로 끌어들이려고 했다. 그 어른은 눈썰미가 몹시 날카로워 내 목 부분에 있는 검고도 붉은 반점을 놓치지 않았고, 혹시 가렴증이 아니냐고 묻고는, 비누 대신 날콩가루로 세수를 해보라고 했다. 그 할머님은 옛날 기생들은 사분가루라는 비누 구하기가 어려워 팥앙금이나 날콩가루를 썼다고 했다. 또한 북어 머리를 고은 물에 머리를 감았다고도 했다.

아직도 그 할머님은 동기가 아니었을까 짐작된다. 이렇게 나는 전통아동양육방법이나 아동교육에 관한 자료를 모으러 다니다가, 그 자료에 묻어오는 기생에 관련

자료, 사당패와 각종 전래속요와 동요까지를 덤으로 얻게 되었다.

  유학시절 나는 읽고 해석하는 것 위주로 배운 우리 학교 교육의 결과, 영어 탓에 무척 애를 먹었다. 대학의 시간강사 경력도 있었고, 여러 연구과제도 맡았던 경력이 있는 나는 유학시절의 공부가 어렵다기보다는 영어를 잘 못하는 이유로 무척 힘이 들었다. 그때마다 5000년이라는 긴 세월 내 나라를 경영해온 조상들에 대한 성찰과 비판이 앞서곤 했다. 잘만 경영했더라면 내가 가난하기 그지없는 내 나라 돈으로 이 나라에 와서 이 나라의 것을 공부하지 않고, 이 나라 젊은이들이 내 나라에 와서 우리말로 우리 것을 공부해야 했을 거라는-. 그러던 어느 날 도서관에서 잠깐 쉬려고 머리 식힐 책을 찾다가, 루즈 베네딕트의 『국화와 칼』이라는 책을 뽑아들게 되었다. 소설이나 수필 비슷하게 쓰인 문장은 읽는 재미와 외국어의 부담을 가볍게 했다. 즉 일본인의 성격이 일본인의 아동양육 방식에서 비롯된다는 결론까지 무척 재미있었다. 그리고 찾아보니, 각국의 아동양육 및 교육 방식과 그 나라의 국민성, 민족성과의 연구는 많이 이루어졌으나, 귀에 못이 박히도록 들어온 5,000년 역사를 자랑하는 우리나라, 우리 한민족의 아동양육 및 교육 방식과 우리 민족성의 관계를 밝힌 연구는 없었다. 그 섭섭하고 부끄럽고 모욕적이기도 했던 사실이, 내 분노를 자극했을까? 돌아가면 내가 하리라. 내가 하는 것이 세금으로 공부한 나의 보답일 거라고.

지극히 소박한 동기에서 출발한 내 연구는 그렇게 하여, 1975년부터 이런저런 이유로 주어지는 기회마다 자료 모으기에 열중했다. 더구나 아이들을 낳아서 키우는 엄마가 되고 보니, 전통아동양육 및 교육자료는 서양 것보다 값진 보석 같았다. 그때는 정말 70세 이상 무학력의 무지몽매한 노인세대가 자꾸 사망하는 것이 너무 안타까웠다. 이분들이야말로 어떤 식으로든 서양물이 안 든 서양방식을 모르는 순수 우리 전통자료의 보존자들이 아니던가.

자료는 내가 바라는 것으로만 주어지지 않았다. 노인들 특유의 한스러움으로, 자기 신세타령이나 눈물 또는 속요 몇 구절쯤을 뽑아 놓고서야 다시 이어지곤 했다. 그래서 시대의 고통에서 태어날 수밖에 없었던 권번과 기생양성, 독립운동과 풍비박산 가문의 각설이, 사당패의 집시 같은 춤과 노래와 놀이 등에서 아이 적에, 시집

살이하는 어머니의 부요를 듣고 자라면서, 자기들의 동요까지, 남양군도에 총알받이로 정신대로, 일본 오사카로 보국대로 끌려간 가족들의 사무치는 아픔을 담은 노래가 곁들여질 수밖에 없었다.

내 속요 모음은 이렇게 이루어졌다. 모아지는 속요가 많아지자 따로 보관했다. 온 민족이 작사자가 된 속요(俗謠)나 민요는, 민족 모두가 겪어내야 했던 개인적 가정적 문중과 민족적 서사시의 원형이라는 생각까지 들면서, 고려 말 조선 건국 초에서 임진정유란, 동학운동과 일제강점기, 동족상잔의 6 · 25, 그리고 미군 기지촌의 양공주 시대, 남성 중심의 학부형회 시대와 사친회비 기성회비 육성회비에서, 자모회의 여권신장 시대로 변모되는 과정은, 조국(祖國)에서 모국(母國)으로 결의형제(結義兄弟)에서 자매결연(姉妹結緣)으로 변모되는 양상을 골고루 보여주었다. 곧바로 여권신장의 과정이었다.

이런 과정의 시대적 정황을 곁들이고, 전통적 사고체계를 덧붙여서, 아동학 교육학 여성학 사회학 인류학 민속학 등의 논문자료가 될 수 있다. 이런 생각은 먼저 『한국전동아농심리요법』(일지사), 『한국전통육아방식』과 『전통유아교육』을 서울대 출판부에서 출판한 후에, 남겨진 과제였다.

 지난 1년, 안식년 동안 그 자료는 부녀자들의 여요(女謠) 또는 부요(婦謠), 지게꾼에서 신방 치를 글방 총각의 신방 노래까지, 남정네들이 불렀던 육담(肉談) 짙은 속요(俗謠), 여아와 남아들이 불렀던 전래동요를 분류, 해설을 덧붙였다. 처음에는 자료가 발견된 지역을 밝히려고 애썼지만, 정읍에서 아동기를 보내고 동래로 시집간 할머니의 노래는, 정읍 것과 동래지방의 것이 뒤섞여 가려내기도 어려웠고, 자기 신세타령까지 덧붙여져, 수집 당시 자료 제공자들의 정보를 분류 기준으로 했다.

 민요라기보다는 해학, 육담이 더 많은 바닥 서민 노래가 대부분인 이 『속요집(俗謠集)』은 한국문학 민족시의 원형 아닐까. 더구나 한국학 관련분야의 연구자료로서, 시대상과 시대적 인식변화까지 담겨 있어, 각 분야의 연구자료로서 활용되기를 희망해 마지않는다. 시조조상을 잘못 기술했다는 이유로 연구실이 점거당하기도 했지만, 나는 이 연구를 계속할 것이다.

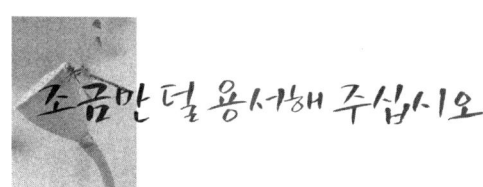

조금만 덜 용서해 주십시오

용서해 주시옵고

용서해주시옵기를

지워서 잊어버려 주시옵기를

그러나 그러나

스스로를 용서해버릴 만큼은

저절로 다 잊어버릴 만큼은

마시옵기를

조금은 남겨 두시옵기를

용서 구할 거리를 또 만들지 않을 만큼은

때때로 울 수 있을 만큼은

흐린 자국 몇이라도 남겨두시옵기를.

과학의 눈 위에 예술이 있고, 예술의 눈썹 위에 종교가 눈 뜬다고 믿는다. 그래서 어떤 예술도 종교예술일 때가 가장 예술적이라고. 헨델의 「메시아」가 그렇고, 밀레의 「저녁종」이 그렇고, 미켈란젤로의 「천지창조」가 그렇다고. 음악과 그림만이겠는가. 시도 마찬가지라고 믿어, 정말로 종교적 절창을 쓰고 싶은데, 재능이 태부족이다.

위의 작품이 이런 오랜 바람에서 써진 것인지는 확실하지 않지만, 시도 때도 없이 나 혼자만의 입 속에서 굴러다니며 중얼거려진다. 쓰던 때의 간절함이 되새겨지면서, 너무 자주 잘못만 만들며 살고 있다는 성찰이 눈 뜰 때마다 목소리도 얻지 못한 채 입안에서만 굴러다닌다.

산다는 것이 같은 잘못 비슷한 잘못을 반복하는 게 아닐까 싶어서, 새로운 잘못을 저질러보고 싶을 때도 많다. 덜 용서 받으면, 남아 있는 잘못의 흔적에 걸려서, 적어도 비슷한 잘못이 되풀이 되지는 않을 수도 있을 것 같아서다.

  용서받을 수 있다고 믿기 때문에, 더 자주 더 많이 잘 못하며 사는 것 같다. 용서받았다는 홀가분함으로 스스로를 용서해버리는 것도 같다. 저절로 다 잊어버리고 안심하고 또 무의식적으로 잘못해 놓고 보면 아차! 한다. 버릇으로 습관으로 굳어버린 건 아닐까? 하고.

  너무 자주 나는 내가 싫다. 나 아닌 나로 누구로 교체되었으면 할 때, 가슴은 가슴 속에 있지 않고 눈 속에, 눈물 속에만 담기곤 할 때도, 위의 소품은 목소리도 얻지 못한 채 입안에서만 굴러다닌다.

  기타나 바이올린이나 첼로를 들으면 그 악기들의 마음의 경련이 몸으로 나타나는 울림 같다. 아니 기타나 바이올린이나 첼로의 울음이 그 악기들을 울리는 것 같다. 마찬가지로 나의 울음이 내 몸을 울렸으면 하고 간절히 바랄 때, 밥 먹다가, 길 가다가, 설거지 하다가, 중얼거려진다. 비싼 음식만 맛 있는 것이 아니듯이, 좋은 시만 암송되는 것도 아니라는 생각을 이 소품으로 깨닫게 되곤 하니까.

모든 기차는 대전발 0시 50분 목포행 완행이다

언제부터였는지 모든 기차는 언제 어느 역에서 출발하더라도, 대전발 영시 오십분 목포행 완행열차이곤 했다. 심지어는 국경을 넘나들며 유럽대륙을 종횡무진으로 달리는 유레일도 대전발 0시 50분 같았고, 모스코에서 페테르부르그로 가는 심야열차도 목포행 완행만 같았으니까. 유행가를 특히 좋아하거나 잘 부르는 것도 아닌데 왜 이렇게 되었을까?

다만 대전에서 중·고등학교를 다녔고, 2년 남짓 모교에서 가르치기도 했을 뿐인데. 그 사춘기적 추억이나 처녀적의 외로웠던 기억이 정신 어느 구석에 각인(刻印)되어 이런 작용을 하는지는 모르겠으나, 화면에서조차도 기차만 보면 대전발 0시 50분이 떠오르곤 한다.

단 한번도 0시 50분에 출발하는 대전발 목포행 완행열차를 탄 적은 없다. 돌이켜보면, 작고 작은 산골마을에서 대도시 대전으로 나와 중·고등학교를 다니느라고, 무척 많은 상처를 깊게 받았는지도 모른다. 사투리의 촌순이가 느껴야 했던 느낌은 느낌보다는 상처 자체였으리라. 그래서일까, 중학교 2학년 때 나는 시인 아닌 아무 것도 안 되기로 맹세했고 훗날 대전에 재직중일 때 시인등단(詩人登壇) 추천을 완료했는지도 모른다.

몇 년 전에 시인협회 세미나로 목포역에 도착하자마자 고 이난영 목소리의 「목포의 눈물」이 맞아주어서 무척 좋았는데, 마치 대전발 0시 50분 완행을 타고 방금 도착했다는 착각에 빠지기도 했다.

여행 중에 최고는 기차여행이다. 그 중에도 방학 때마다 타고 다니던 완행이 최고이다. 조그마한 간이역을 하나도 거르지 않고 일일이 들러서, 시골노인 한두 분을 뫼시고 달려가 주는, 그 마음 씀씀이가 바로 우리가 회복해야 할 심성이 아니겠는가.

더 빨리(citius), 더 높이(altius), 더 강하게(fortius)를

찬양하는 올림픽에 자극받았는지, 무엇이나 언제나 어디서나 너무 빨라져버린 시대에, 가도 가도 해 안에는 도착하기 어려운 완행열차에 앉아, 입석표로 서서 가거나 팔걸이에 걸터앉은 이와 자리 교대도 해가며, 졸며 깨며 떠들며 북적대는 비좁고 지저분한 열차 칸에서, 느긋함으로 내 조급함을 다스려보고 싶다. 아니다. 부디 한번만이라도 대전에서 0시 50분에 출발하는 목포행 완행열차를 타고 가서, 동틀 때나 아침해가 돋아 오를 때쯤, 이난영의 애절한 목포의 눈물마중을 받으며 기차를 내려서고 싶다. 삼학도 앞바다와 유달산이 함께 달려와 맞아주리라. 정겨운 것은 왜 너무 좋은 것이 아니라, 오히려 너무 시시한 것일까?

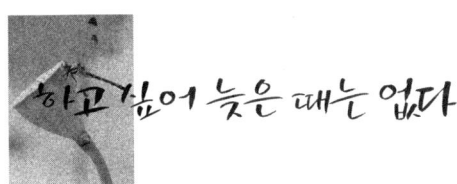
하고 싶어 늦은 때는 없다

하기 싫으면 아무리 빨라도 늦은 때이지만, 하고 싶으면 아무리 늦어도 빠른 때라는 뜻이다. 아이 적부터 들어온 이 말은, '늦었다는 말은 하기 싫은 핑계일 뿐'이라는 뜻이니, 세련된 표현으로는 '늦었다 싶은 때가 가장 빠른 때' 또는 '내일 지구의 종말이 올지라도 오늘은 사과나무를 심는다' 등과 비슷하다고나 할까? 역설적이게도 내 유학을 가장 반대하시던 조부님과 어머니한테 들어온 이 말은, 노처녀인 내가 유학을 준비한 힘이 되기도 했다.

세상은 어느 분야에서나 젊은이, 젊은 피, 젊은 세대… 등등으로, 젊지 않으면 아무런 가망도 없다고 전제해버리니, 퇴직하고 나서 다짐하는 나 같은 시인은 다 끝났다거나, 너무 늦어버렸다는 게 아닌가. 새로운 변신으로 실험적 작품 쓰기는 당연히 젊은 시인들만의 몫인 양 할 때, 떠오르곤 하는 말이다. 그렇다! 내일 죽을 환자에게도 늦어 못하는 일은 없고, 또 없어야 한다. 늦었다는 말을 핑계일 뿐, 문제는 하고 싶은 의욕과 열정이지, 살아 있는 한은 너무 늦어 못하는 때는 없다. 내가 붙잡은 가장 힘 있는 한마디이다.

2부

삿갓시인 김병연의 방랑기를 따라서
감이는 마을은 어디나 고향
산처의 꽃 삼詩, 가치 없는 것이기만 가치롭다고
꽃보다 꽃다운 산처
삼詩, 인생을 맡겨도 좋다면
「깨끼쳐의 길」, 자화상과 삶의 길
변하지 않는 유일한 것은
토르소가 읽은 「토르소」
치원 높은 유머, 다리밑에서 주워있다
삼식을 꿀어와 삼식을 뒤집기
지금여기보다 흘날의거기를 실려고
지옥이더 좋을까?

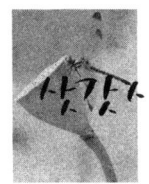# 삿갓시인 김병연의 방랑기를 따라서

 '우주는 17자 속에 / 대 시인 바쇼는 / 이 작은 오두막 속에'

 남미의 어느 시인이 바쇼의 하이쿠 기행을 마치고 위의 하이쿠를 지었다고 읽은 적이 있다. 여러 나라의 여러 사람들이 여러 권의 하이쿠 기행기를 썼을 만큼, 시인 마츠오 바쇼는 자유인이었다. 그의 17자 시 하이쿠는 읽을 때마다 놀랍고 간결하고 길게 울리는 메아리를 느끼게 한다. 그래서 세계 각지의 시인들이나, 그의 시를 연구하는 학자들이, 저마다의 시각으로 쓴 하이쿠 기행기를 읽을 때마다, 꼭 한번 바쇼의 여정을 따라가 봐야지 벼르지 않을 수 없게 된다. 수십 년 동안 수십 번이나 벼르기만 할 뿐, 아직도 가보지 못하면서, 언제부턴가 이런 생각이 들기 시작했다.

  일본이 비록 가까운 나라라 해도, 적잖은 여행비를 감내해 가며 바쇼의 발자취를 따라가기 전에, 먼저 우리의 바쇼인 김삿갓 방랑기를 따라가 보고 싶다고. 나는 설잠이라고도 하는 매월당 김시습과 김삿갓으로 더 알려진 난고 김병연 시인이야말로, 조선조의 숨통을 틔워준 자유인이자 대시인이라고 존경하고 사랑하여, 관련의 책들을 구해 읽곤 했는데, 이 두 분의 흉내라도 내며 살아보고 싶었다.

  올 봄에 양주에 가서, 양주가 삿갓 시인의 고향이라는 사실을 처음으로 알게 되었다. 나는 양주와 남양주와 양평을 구별하지 못했는데, 왜 난고 김삿갓 시인의 고향인데도 그걸 홍보하지 않았느냐고 불평을 했다. 양주, 남양주, 양평의 혼란스런 지명보다는, 난고나, 김삿갓이나, 김병연 등의 이름으로 지명을 바꾼다면 더 멋진 고장이 되지 않겠느냐고. 지명까지가 곤란하다면 기차역 이름이라도 바꾸는 게 어떻냐고. 내 불만을 받아 그곳 문인들도 역명을 고치려고 아무리 건의해도 행정가들

설득이 안 된다고 한탄했다.

일본까지 가서 대시인 바쇼의 행적을 따라가는 여행은 그리 쉽지 않을 테니, 먼저 시인 난고, 삿갓 시인 김병연의 방랑 여정을 발굴하여, 그의 시집을 들고 그의 발자취를 따라가는, 국내 여행을 하리라 작정하고 있다. 시인 난고 김병연에 대한 연구서와 시집은 많이 나와 있지만, 그의 방랑 여정에 대한 책은 아직 만나지 못했다. 그래서 패기 찬 시인들을 보면, 부디 삿갓 시인의 시적 방랑기를 쓰라고 권한다.

출생지이자 성장지라는 양주에서 시작하여, 그의 무덤이 있는 영월에서 끝나는 여정이라면, 굳이 망설일 필요도 없지. 북한이 아직은 개방이 안 되었으니, 남한에서라도 미리 해두면, 내왕이 허용되는 그 날은 반드시 올 테니까, 북한 부분은 그때 첨가하면 훨씬 더 쉽지 않겠느냐고.

정말로 나는 자유인 난고, 삿갓으로 하늘을 가리고 유랑의 생애를, 구름처럼 바람처럼 거침없이 살았던 시인 김병연을 너무 너무 사랑해왔다. 이 사랑과 존경이 그의 방랑 여정을 따라가는 내 발길을 부르고 있다는 착각, 환각에 유혹받는 이들이 무수히 많을 텐데….

감 익는 마을은 어디나 고향

섶다리로 냇물을 건너야 했던
산모롱이를 돌고 다시 돌아가야 했던
사람 대신 붉은 감나무가 까치밥 돋우며 반기는 마을
까닭 없이 눈시울 먼저 붉어지게 하는
아잇적 큰 세상이 고향이 되고 말았다

촉수가 저절로 높아지는 가을볕에
집집마다 볼 붉히는 감나무를 따라서
풋대추도 덩달아 아롱점박이로 익어가고
사람들의 희망도 익고 익어 가느라고

감 따는 아이들 목소리도 옥타브가 높아지고

장마끝 무너지다 남은 토담 위에 걸터앉은 몸 무거운 호박덩이

보름달보다 밝은 박덩이가 뒹구는 방앗간 지붕에는 빨간 고추발

어느 것 하나라도 피붙이가 아닐 수 없는 것들

열린 채 닫힌 적 없는 사립을 들어서면

처마밑에 걸린 줄곶감줄 너머

사랑방 헛기침 사이사이 놋쇠 재떨이가 울고

안마당 가득히 말라가는 곶감 내음새

달디단 어머니의 내음새에 고향은 비로소

콧잔등 매워오는 아리고 쓰린 이름

  사라져 가는 것은 모두가 추억이 되고, 허물어져 가는 것은 모두가 눈물겨운 것, 비록 풍요로움일지라도 풍성한 가을 열매일지라도, 추억처럼 슬픈 것, 슬퍼서 아름다운 것, 아름다워서 못내 그립고 그리운 것, 그렇게 고향은 비어가서 속절없이 슬픈 이름이 되고 있다. 허물어져 가면서 사라져 가고 있다. 사람 떠난 빈집을 붉은 감나무 저 혼자서 지켜 있다. 가지마다 볼 붉히고 귀 익은

발자국 소리 기다리고 섰다. 우리 모두의 고향, 우리의 시골마을은 그렇게 우리를 기다리는 빈집이 많다.

상처의 꽃 시(詩), 가치 없는 것이 가장 가치롭다고

　시(詩)가 하도 외면당하고 있어서, 시인과 시 독자를 돕기 위해, 한국문화예술추진위원회의 문학나눔팀이 지난 몇 년 동안 우수시집을 선정 구입하고 보급해왔는데, 혹시 그 효과로 시집이 팔리는가? 교보문고의 최근 몇 년 간 통계는, 40대 중반 이후의 남성들이 이전 연령층보다도, 또 여성보다도 시집을 더 구매했고, 50대, 60대 남성들이 같은 연령대의 여성들보다 시집을 더 많이 사는 추세라고 분석하면서, 중년 이후 우리 남성 가장들의 어려움과 시의 치료적 효능으로 해석하고 있다.
　그렇기도 하리라. 사실 시란 상처에서 피는 '상처의

꽃' 아닌가. 본래 문학은 승자의 승리 기록이 아니라 패자의 실패 기록이다. 강자 아닌 약자의, 다수 아닌 소수의, 우편 아닌 좌편의, 잘난 이의 자랑 아닌 못난이의 수치이고, 햇빛 아닌 달빛에나 익는, 사실 아닌 진실이고, 불행이나 불운 좌절과 실패에 대한 피맺힌 항변이고, 회한이고, 고백이고, 변명이니까. 삶을 체험할 만치 체험하고서야 자기 모습을 제대로 검토 성찰하고 위로하는 진실이니까. 무가치하다면 시처럼 무가치하고 무력한 것이 없다. 가치 있다 해도 칼국수 한 그릇, 소주 한 병 값이 고작인 게 시집 한 권인데, 그 한 권에 바친 시인의 피눈물은 오죽했겠나 말이다. 가치 없는 것이 가장 가치롭다는 요설이 시만큼 잘 적용되는 무엇이 또 있는가? 그래서 무가치한 시가 무가치한 존재임을 통감하는 시 독자의 허무 좌절 패배에 약손이 되는 게 아닐까. 패배를 경험한 사람만이 패배를 딛고 일어서는 시인들의 진실의 항변과 변명에 감동받는 게 아닐까.

  불안한 직장과, 이해받지 못하는 가정과, 현기증 나는 속도시대의 무한경쟁 사회는, 개인을 얼마나 무력하고 무가치한 존재로 내몰고 있는가. 살아봐도 별 수 없는 현실과 미래는 얼마나 비정하고 공포스러운가. 삶이란 것을 몸서리치게 체험한 가장(家長)들의 상처에서, 더욱 제대로 비쳐지는 자기성찰이 시와 흡사하지 않는가? 간결한 몇 줄의 진실에서 깊고도 긴 울림은, 숨겨온 상처를 스스로 치료할 수밖에 없는 절대고독 그대로가 아닌가. 남모르는 곳에 홀로 숨어, 남모르는 상처를 제 혓바닥으로 핥아 몰래 치료하는 시인의 체험적 처방이자 기도문이자 넋두리에서, '이게 바로 나야' 하는 공감 이상의 감동과 위로를 얻을 수 있었지 않을까.

  부친의 김밥가게를 물려받는다는 구실로 검사직을 그만둔 검사, 잘 되는 병원을 문 닫고 순두부집을 개업한 이유로 이혼 당한 의사… 등등. 많은 남성들이 중년에 이르러 자신을 바꾸고, 부인을 바꾸고, 직장을 바꾸고, 직종까지 바꾸느라, 새 전공을 공부하러 나이 50에 대학에 재입학하며, 자기를 다시 찾는 정체성 재확립을 시도한다. 아예 직업을 포기하고 떠도는 50대의 한 가장은, 부인과 아이들은 말할 것도 없고, 부모님조차도 용돈만 기대하신다고, 자신은 인간도 가족도 아닌 돈버는 기계나, 돈 되는 알만 낳아야 하는 닭이나, 소 돼지에 불과하다고 자조도 한다.

  이렇게 누구의 중년이든 중년에는 억울해진다. 살아보

니 이게 아닌데-. 뼈저린 회한과 재검토와 성찰의 중년, 그것도 의무와 책임만을 짐 진 가장들에게는 더욱 위기가 아닐 수 없지. 카를 융(carl G. jung)도 중년에 이르러 지그문트 프로이트(Sigmund Freud)와 결별하고 자기를 찾아 방황하다 미쳐버리기도 했지만, 가족의 심리적 지지로 마침내 중년기 정신분석이론을 구축할 수 있었다니, 중년 이후부터야말로 가족의 지지가 더욱 필요하다. 그러나 타인 같은 가족과, 무한경쟁 사회는, 이 위기를 더욱 부채질하여, 혹시 시에서 상담이나 치료와 종교적 기능까지도 찾으려했거나 기대하는 건 아닐까? 지난 외환위기 때도 평소에 4~5명이 고작이던 시와 소설 창작교실에, 백여 명의 중년 남성들이 몰렸던 사실도, 비슷한 현상으로 해석되기도 했으니까.

'문학도 아닌 청소년이 없고, 철학도 아닌 노년이 없다'는 말은 이젠 옛말이 되었으니, 값이 없는 시가 제 값을 하는 시대가 올 조짐인가? 감성과는 거리가 있다던 중년 이후 남성들이 시에서 위로와 성찰을 얻는다니, 시(예술)가 세상을 바꿀 거라고 좋아해도 되나 모르겠다.

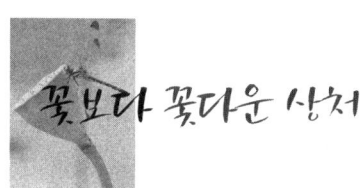

꽃보다 꽃다운 상처

어린 매화나무는 꽃 피느라 한창이고
400년 고목은 꽃 지느라 한창인데
구경꾼들 고목에 더 몰려섰다
둥치도 가지도 꺾이고 구부러지고 휘어졌다
갈라지고 뒤틀리며 터지고 또 튀어나왔다
진물은 얼마나 오래 고여 흐르다가 말라붙었는지
주먹만큼 굵다란 혹이며 패인 구멍들이 험상궂다
거무죽죽한 혹도 구멍도 모양 굵기 깊이 빛깔이 다 다르다
새 진물이 번지는가 개미들 바삐 오르내려도
의연하고 의젓하다

사군자 중 으뜸답다

꽃 구경이 아니라 상처 구경이다

상처 깊은 이들에게는 훈장(勳章)으로 보이는가

상처 도지는 이들에게는 부적(符籍)으로 보이는가

백 년 못된 사람이 매화 사백 년의 상처를 헤아리랴마는

감탄하고 쓸어보고 어루만지기도 한다

만졌던 손에서 향기까지도 맡아본다

진동하겠지 상처의 향기

상처야말로 더 꽃인 것을.

 상처를 훈장으로 여기고 싶던 적 있었지, 상처를 부적으로 여긴 적도 있었지. 상처를 꽃으로, 그래 꽃 이상으로 여긴 적도 있었지. 매화나무가 특히 그랬었지. 둥치에도 가지에도 돋아 있는 가시가 그랬고, 진액이 말라붙은 주먹 같은 혹덩어리와, 깊고 검게 패인 자죽이 더욱 그랬는데….

 아직 차가운 오후, 효녕대군 능이 모셔진 청권사 경내를 어슬렁거리다가 매화꽃을 보며, 청매화라고들 하는, 꽃받침이 연녹색을 띠어 청매화라고 한다는, 내가 보아온 매화는 전신이 가시로 중무장을 하고 건드리기만 해

봐라, 마구 찔러 버릴거야. 한번이라도 찔리기만 하면 절대로 낫지 않아. 마침내는 목숨도 잃고 말, 무슨 독기로 그렇게 누군가를 지목해 덤비려고 깨어 길목을 노리던 중이었던가. 오늘 보는 매화는 너무 매끄러운 살갗에다 너무 미끈하게 뻗어간 밑둥과 가지들이라 실망스럽다. 홍매화나 옥매화라는 말은 들어보기도 했고 실제로 여러 번 구경했지만, 청매화는 이름도 꽃도 처음이다. 매화를 보는 순간 이건 매화가 아니다라고 힘껏 부정하고 싶었고, 지금까지 보아온 무수한 매화의 기억들이 한꺼번에 떠올라, 섞이고 뒤엉키면서 머리 속은 전혀 엉뚱한 매화나무 앞에 서 있는 기분이 되었다.

하동이었는지, 순천이던가, 낙안읍성 부근의 어디던가, 수백 년 된 매화꽃을 구경한 적 있다. 어느 집 뒤란에서 보았던 것으로 기억되는 수령 600년이 넘었다는 매화에서부터, 비 오는 어느 날에는 일본 어디서 구경했던 더 오래된 매화까지. 또는 등걸이 뻣뻣이 뻗치던 매화나무에서, 바닥의 밑둥치부터 구부러지고 뒤틀리고 갈라터진 매목까지, 종류도 다양했었지. 뿐만 아니라 한국화 및 동양화에서 본 여러 가지 모양의 매목과 가지와 꽃까지, 그리고 화제로 붙은 한시 구절까지 한꺼번에 떠올랐다.

 마침 빗방울이 떨어져서 돌아오는 도중에는, 매화꽃 필 때를 전후하여 내리는 봄비를 일본에서는 매우(梅雨)라고 부른다고 들었던가, 참으로 시적이라고 생각했던 기억까지도 떠올랐다. 눈물에서 매화향이 번진다면 그런 눈물을 흘려보고 싶었고, 매우(梅雨) 내리는 차가운 봄밤 밤거리를 머리 풀어 헤치고 쏴 다니는 귀신도 되고 싶었는데….

 매화는 일생을 춥게 살아도 제 향기를 팔지 않는다[梅花一生寒 不賣香]는 칠언절구는, 오동은 천년을 늙어도 가락을 지닌다[桐梧 千年老 持律格] 라는 대구와 함께 무수히 회자되어온 글귀인데, 이런 옛 시구를 회억하며 시절과 삶을 견주어보는 시대는 아니지만, 내게는 아직도 뭔가를 일깨워주는 게 있고, 또한 있어야 한다는 생각도 들다가는, 아니지 팔고 또 팔아먹어도 끝도 한도 없이 향기가 솟구칠 듯해야만, 현대와 미래의 매화향일 수도 있다는 못 된 생각마저 들다니….

 매란국죽(梅蘭菊竹)을 사군자의 꽃으로 여겼던 조상들은, 매화가 아직 추운 겨울의 끝자락에 핀다 하여, 가장 먼저 피는 꽃으로서, 앞선 자의 깨어 있는 자각과 일신의 안일을 돌보지 않는 충절 고결한 기상으로, 사군자 중에서도 으뜸으로 칭송했을 것이다. 그래서 선비들은 호나 아호에도 사용했고, 매화처럼 사느라 기막히게 불행했던 기생 매창의 기명에까지, 기림을 받다가 여아들 이름자에도 사용되었으니, 매화에 대한 의미 부여를 알 만하다.

  퇴계 선생의 마지막 유언도 매화가 피었느냐? 또는 매화에 물을 주었느냐? 라고 전해지니, 옛 선비의 고결 강인했던 인품과 기상은, 지금의 흐드러져 풍성하게 핀 매화꽃과는 거리감이 느껴진다. 한옥 좁은 방안에서 매화분의 한 끝에 필동말동하게 벙그는 매화의 매콤하고 진한 꽃향기는, 넓은 관광지 꽃마을이나 꽃 숲 꽃동산의 아름드리 밑에서 맡아보는 매화향기와는 너무나 다르다. 매화꽃이 피었다고 벗을 불러 아껴둔 귀한 차를 우려 마시거나 안주인이 정성껏 빚은 별주를 나누던 시절, 가난의 멋과 여유와 말없음의 우정은 전설 속의 이야기처럼 느껴지고, UFO나 우주만한 거리 밖의 동화처럼 느끼게도 된다.

  수백 년의 세월을 두고 자칭 타칭의 무수한 시인들에게 시제가 되어온 매화는, 개량으로 부활을 거듭하고 몇 번이나 거듭 태어났는지, 종류도 다양하고 다채로워졌다. 따라서 봄눈이 난분분한 겨울 끝자락에 봄소식을 알리느라 피는 매화에서부터 늦은 봄 초여름 같은 온난화의 날씨에도 가지가 휘어질 정도로 흐드러지게도 핀다. 따라서 지금의 어떤 매화꽃도, 일생을 벼슬길에서 등돌려 살아가는, 백면서생의 핍절과 추위로 연명해온, 안빈낙도의 가녤핀 선비 기상은 풍기지 않았다. 그래설까? 꽃보다 살아내느라, 고목이 견디어낸 세월의 풍상, 그 상처를 더 헤아리고 싶었다. 이른바 임마누엘 칸트의 미적 대상에 대한 3분류의 미(美)와 추(醜) 외에 숭고(崇高)함이 전해졌다고 느꼈다. 마틴 하이데거가 말한 바, 있는 것 너머의 있음이라는 존재자가 느껴졌다고나 할까? 아무튼 그런 비슷한 무엇이 감지되어 나도 말라르메처럼 비인칭이 되었다. 매화등걸의 상처가 되었다.

 시(詩), 인생을 망쳐도 좋다면

 중학생 적 아주 어린 때였지만, 나는 학교 성적도 좋지 못하고 왠지 늘 초라하다고 느낄 때, 시인 외에는 아무것도 아니 되기로 굳게 결심했었다. 시만이 이상하게도 초라하지 않아도 된다는 자긍심 같은 어떤 위로가 되었기 때문이었다. 그러나 학교 성적이 올라가자 나 스스로 그 결심을 깨버렸다.
 지금 와서 생각해보니, 시인이란 자기를 초라하다고 느낄 때 자기구원이 될 수 있는 호사스런 이름인 것 같다. 그럼에도 시인이 되어 시인으로 살면서 감당해야 하는 초라함은, 시인이기 이전에 비할 바가 아닐 정도로

고통스럽다는 것도 각오해야 할 것이다. 더 노골적으로 표현하면, 평생 자기 마음에 드는 시 한 편 써보고 죽고 싶다는 소원 하나만 붙잡고 살아갈 각오가 되면, 시인을 지망하라는 말이다. 이는 남의 평가가 아니라, 잘 나가는 유명 시인으로 평가받는 것보다는, 스스로 만족할만한 시를 쓰는 데 더 집착해야 한다는 말이다. 작가 헤밍웨이는 노벨상도 받았지만, 미인들과 자녀들과 더불어 부귀를 다 갖추었지만, 그는 자살할 수밖에 없었다. 그만치 그는 스스로 만족할 수 있는 작품을 써내야 하는 자기 한계를 견디지 못했기 때문이다.

너무 자주 나는 시인으로서 불행감을 감당하지 못해 괴롭고, 시인된 것에 후회될 때가 많다. 내 딴에는 시를 위해서 번쩍이는 많은 것을 외면해왔다. 세칭 번쩍이는 자리가 불렀을 때도 시를 못 쓰게 될까봐 거절이자 사양을 했고, 학문에도 직업에도 충실하지 못했다. 늘 시를 위한 에너지와 시간을 기둥서방 모시듯 최우선으로 의식했기 때문이다. 따라서 내게서 많은 것에는 소홀해도 좋다고 여길 수 있었던 것은, 시가 있다면 혼자서도 배부를 수 있고, 혼자서도 행복할 수 있는, 나도 모를 중차대한 행복감이 기다리고 있다고, 생각하고 또 굳게 믿었기 때문이었다.

그런데, 아니었다. 나는 시를 위해서, 시에게만은 세속의 때를 안 무치기 위해서 직업을 가져야 한다고 생각했는데, 시라는 귀신은 내 생각 이상으로 저만을 위해서 나의 전부를 다 바치기를 요구했던 것이다. 시 외에는 아무 것도 하지 않을 뿐만 아니라, 생각조차도 온전히 시만을 위해서 바쳐야 한다고 요구했던 것이다. 마음과 몸과 시간과 노력과…. 나의 모든 것을 저만을 위해 송두리째 다 바칠 것을 요구했는데, 내가 미처 깨닫지 못했던 것이다. 나만을 위해 살아라. 평생 무명으로 살아갈 각오도 하지 않고 왜 시인의 길을 택했느냐고 했다. 시가 이렇듯 무서운 재앙이고, 죽어서도 지고 갈 불행 중의 불행이었음을 늦게야 깨달았다.

시인은 그 자체로서 호사스런 이름이다. 따라서 시인이라는 이름 하나만으로도 배부를 수 있고, 행복할 수 있어야 하는데, 내 마음에 드는 시 한 편을 못 쓰는 불행감은 평생을 짓누르는 재앙일 수밖에 없지 않는가.

소설을 쓰면 소설가, 비평을 하면 비평가가 된다. 음악이나 다른 예술을 해도 음악가나 예술가가 된다. 그러나 시인은 아무리 성공해도 이런 일가(一家)를 이루기는커녕, 고작 시인(詩人)일 뿐이다. 잘 되어봤자 인간일 뿐이다. 이 얼마나 기막힌가. 시인은 끝내 저 혼자 사람 되는 인간으로 남는다. 아무리 성공해도 제 한 입조차 풀칠하기 바쁘고, 가(家)의 식구들을 먹여 살릴 수는 없다. 하물며 일가를 이루거나, 가문(家門)을 일으키지도 못한다. 그토록 춥고 배고픈 길이 시인의 길이다.

  시인은 태어나는 것이다. 시에 눈뜨기 전이었는지, 나는 우리말 중에서 '꽃'과 '하늘'이라는 말에 오랫동안 미쳐 있었다. 세상의 아름다움이란 모든 아름다움이 다 모여서 된 글자가 '꼬오옻'이라고 여겼다. 이렇게 세상의 진수들이 다 모였다가, 한도 없이 널리 퍼져나가는 어감의 글자가 '하아아느으을'이라고 느꼈다. 'ㅎ' 발음의 모든 글자의 어감이 다 좋았다. 집약과 확대의 양극적인 어감을 꽃과 하늘에서 느낄 수 있었다. 어떤 선생님도 아무도 가르쳐 주지 않았다. 혼자서 터득하고 느끼는 황홀감이었다. 모국어에 대한 나의 몽매한 애정이었다. 시는 다른 예술과는 달라서 민족혼을 담은 모국어 사랑이 전제되어야 하기 때문에, 시인은 몽매할 정도로 모국어에 매료될 수 있어야 한다고 본다.

  시인이 시를 쓰는 것에 대한 보상은 없다. 그것이 바로 매력인지도 모른다. 자본으로 때 무칠 수 없는 고귀하고 신성한 유일무이한 그것이 곧 시였다. 이것은 나 혼자만의 신념이고 종교이고 철학이므로, 그 누구도 동조하거나 공감해주는 것이 아니다. 그래서 먹고 살아내야 하는 생명체로서 시인은 절망스럽고 참담하게 살아야 한다. 그럼에도 버려지거나 떠날 수 없는 것이 시이고, 어지간한 시 한 줄 쓰고 나서 느끼는 행복감은, 세상 어느 것으로도 대신 될 수 없는 것이라고 체험으로 알게 된다. 그래서 시는 세상의 무엇과, 타인은 구원하진 못해도, 시인 저 자신 하나만은 구원해 주는, 유일한 바로 그것이 된다. 물론 시인 저 자신을 구원해준다고 믿는 이 믿음이야말로 얼마나 기막힌 재앙이고, 시인 자신을 파괴하고 망치는 것이 되는 줄도 잘 알게 되지만, 자신의 구원자는 늘 자신의 파괴자도 되니까. 그것이 바로 시인되는 것인 줄을 알아야 한다.

  정지용 시인의 말이라고 들었다. 나이 마흔이 넘어도 시를 쓰고 싶다면, 그는 시인의 적성을 타고 났다고. 나는 이 말을 이렇게 해석하고 싶다. 시인이 되어서 후회하는 것은 시인이 되지 않고 후회하는 것보다는 백번 천번 낫다고. 하고 싶으면 해봐야 한다. 시가 바로 그런 악마이고 귀신이고 도깨비가 아닐까. 나는 그런 악마, 그런 귀신, 그런 도깨비와 대면하기를 갈망하며 기다리고 산다. 아니 시인 저 자신이 시를 위해서는 악마도 귀신도 도깨비도 되어야 하는지도, 되고 싶어지고, 저도 모르게 신이 나서 귀신과 도깨비와 악마가 되는지도 모른다.

그럼에도 내 일생 잘한 것이 있다면, 시인이 된 바로 시인이 된 이 한가지뿐이라고 믿는다. 또한 내 생애 가장 실패한 것을 들라면, 그것 역시 시인이 된 것이라고 할 수밖에 없다. 시라는 악마(惡魔), 시라는 귀신(鬼神), 시라는 도깨비한테 내 평생 홀리고 넋이 빼앗겨 조종되어 인생을 망쳐왔으면서도, 더더욱 홀리고 혼을 빼앗겨 살기를 바라고 소원할 뿐이다. 이 무슨 구원 불가능한 악마 중독증이란 말인가!

오늘도 나는 밥 먹여주지 못하는 시를 위해서, 밥 먹여주는 직업을 언제 버릴 수 있느냐를 연금표를 들고 계산해보았다. 교수평가에도 가산되지 못하는 시는 쓰고 싶고, 가산점수 올려주고 봉급액도 올려주는 논문은 너무너무 쓰기 싫다. 이것이 바로 현실적인, 너무나 잔인무도한, 나의 현실적인 고통이다. 시라는 것이 내게 갚아주는 대가이다.

「까마귀의 길」, 자화상과 삶의 길

어두워야 보인다지

눈을 감고 기도하는 까닭이라지

토굴 속에 들어가서 도(道) 닦는 까닭이라지

하늘의 달도 밤길을 더 잘 가는 까닭이라지

선견자 중에 맹인이 많은 까닭이라지

영험할수록 판수(判數)가 많은 까닭이라지

불을 끄고 눈마저 감아야

대낮에 잃은 길도 찾아낼 수 있다지

기나긴 깜깜 어둠 깊고 깊은 캄캄 밑바닥에서

나만이 나의 길인 것을

나만이 나의 미래인 것을

어둠만이 촛불을 꽃 피울 수 있다는 것을

찾은 길을 잃지 않으려면

여름도 겨울보다 추워야 한다지

눈발이 그쳤다

밤중도 늦으면 새벽이 되지만

만년을 늙어도 터럭 한올 흴 수 없다

섣달 그믐밤 얼어붙은 가지 끝을 체온으로 녹이는 도래까마귀

울음 한번 떨치면 반경 600리 밖에까지 몸서리치는 고독의

선사 이래 백설보다 순결한 검은 세계를 살며

영민과 고독과 숭고함의 길을 가는 사제로서 전령사로서

밤과 겨울의 검은 치마 시인으로서.

까마귀 하면, 고려 충신 정몽주의 모친 이씨의 시조가 떠오른다. '까마귀 싸우는 골에 백로야 가지마라 / 성난 까마귀 흰 빛을 새오나니 / 청파에 좋이 씻은 몸 더럽힐까 하노라.'

알려진 대로 이 시조는, 모친이 아들 포은에게 역모의 무리(이성계 등)를 멀리하라는 경고로 지어주었다지. 아는 것이 병인지, 이 얕은 지식 때문인지, 까마귀는 백로와 늘 대비가 되었다. 한 점 티 없이 순결한 백로 같은 충신열사와 대비되는, 음험한 반역으로 상징되어 까마귀란 말만 들어도 위의 시조가 생각났을 게다.

우리 민속에도 까마귀는 불길한 상징이었다. 돌림병이라는 전염병자가 있는 마을에 까마귀 울음은 죽음이 가깝다고 여겨, 아이들에게는 왼발로 땅바닥을 세 번 차고 침을 세 번 뱉으라고 가르쳐, 병의 전염과 죽음의 심리적 공포에 그 당장 스스로 대처하게 했다.

그러나 까마귀(烏)를 적극적으로 활용한 민속도 있다. 발이 세 개인 까마귀, 삼족오(三足烏)를 그려서, 재앙을 막아주는 부적으로 활용한 것이 고구려 벽화에서도 발견된다. 이 삼족오 그림은 까마귀만의 영민함과 신능(神能)의 주력(呪力)에 대한 믿음과, 3은, 최소양수 1과, 최소음수 2의 조화가, 가장 완벽하다는 인식을 전제한다.

유학시절 내가 공부하던 플로리다주의 탈라하시에는 까마귀 떼가 무척 많았다. 그곳의 대표적인 것이 세미놀이라는 인디언과 검은 떼까마귀였다. 수시로 교정과 기숙사 위로 검은 떼까마귀가 날아다니며 우짖는 소리는 무척도 불길하게 들렸다. 중풍으로 와병 중이신 조부님과 병약하신 어머님의 안부가 걱정스러울 때마다, 떼 지어 날며 울어대는 까마귀의 울음소리에 과민해져, 숙제에 집중이 안 되곤 했다.

그럴 때마다 까마귀에 대한 편견을 바꾸려 애썼다. 명색이 시인 아니냐고. 구약성서에는, 고대 이스라엘에 3년 6개월간 가뭄이 들었을 때, 야훼 하느님은 허고 많은 새들 중에 유독 까마귀를 시켜 선지자 엘리야를 먹여 살렸다고. 검은 망토를 입은 까마귀는 흡혈귀 뱀파이어가 아닌 고구려 적부터의 길조(吉鳥) 삼족오라고. 그러므로 까마귀 울음소리가 들리면 좋은 일이 생길 거라고. 언젠가는 까마귀를 예찬하는 시를 쓰리라고. 저 무죄한 새를 검다는 이유만으로 불길하게 폄하하다니, 이러고도 시인인 내가 남들과 다른 게 뭐냐고. 그러다가 점차 검은색이 좋아졌고 백로도 결국에는 까마귀로 진화될 것이라는 생각도 하고 싶었다.

세상과 삶에 시달리면서 낱낱이 드러내고 상처도 부끄러움도 폭로하는 대낮보다는, 잘못도 실수도 눈감아 품어 덮어주고 감싸 안아주는 어둠이 편안해지면서, 어머니의 검정 치마 같은 밤의 어둠이야말로 신앙적이고 안식과 평안이라고. 벌겋게 핏발 선 눈을 쉬게 해주는 어둠의 밤이 없다면 살인적 증오의 세상이 되고 말 것이라고. 밤 잔 원수 없다고. 자고 나면 다 용서가 되는 삶, 밤이 지나도록 분노를 품지 말라는 바이블의 말씀 등은, 모두가 어둠 속에 묻히는 검은 밤의 깊고 신비한 힘을 믿음이 아닌가. 밤이 없으면 용서를 배울 수 없으리라. 용서가 없는 세상은 얼마나 공포스러울까 하고.

어둠이야말로 신에게 다가가는 숭고함의 시간이라고. 제 자신을 직시할 수 있는 신의 처방이라고. 무조건적 용서라고. 밤이야말로 밝음을 낳아주는 어머니라고. 평화와 평안과 휴식 그 자체라고. 검은색의 어둠이야말로 고독과 고향과 모성적인 무한 자비라고. 깜깜한 어둠의 밤 기도가 더욱 진실하다고….

하느님은 치료와 용서와 휴식과 평안을 위해 밤을 지으셨다고. 밤의 상징 까마귀야말로 가장 신성한 신의 사자라고. 어둠과 밤과 고독과 까마귀를 연결을 시도할수록 나는 까마귀가 되어갔다.

좋아지지 않고 사랑하지 못하면 시가 되지 못한다. 아무 잘못도 없이 외면당하는 고독의 새, 신과 인간 사이를 내왕해야 하는 힘든 사명을 위한 새, 지옥과 인간세상을 다 알고 있는 새, 그의 고독 그의 고통과 고뇌를 인간은 모른다. 세상이 시인을 모르듯이 아무나 까마귀를 알 수 있는 것은 아니다. 신의 전령사인 동시에 귀신이고, 그 이상인지도 모를 까마귀의 귀는, 귀(貴)와 귀(歸)와 귀(鬼)와 귀(龜)의 몫을 다한다고, 시인이 바로 접신의 신능(神能)으로 마귀와 인간과 사물과 무시로 내통하듯이.

  밤이 진화하여 까마귀가 되었으리라고. 검정 옷의 사제(司祭)를 생각했다. 검정 치마 입은 어머니를 생각했다. 그 치마폭에 얼굴을 묻으면 얼마나 편안하던가. 아이 적에 따돌림 받은 괴로움도 억울함도 아픔도 슬픔도 눈 녹듯 사라지는 마술의 세상이 엄니의 검정 치마폭이 아니던가. 까마귀에게서는 그런 신능이 느껴진다. 캄캄 어둠으로 꿰뚫어 보는 세상 밖의 세상, 우주 밖의 우주, 외계 밖의 외계, 안 보이는 모든 것이 바로 눈먼 어둠 밤중 같은 깜깜함을 통해야 보여지는 것일지도 모른다고. 맹인의 침을 맞고 그 당장 치료되던 경험, 눈뜬 자가 눈먼 맹인에게서 얻는 위로 등은, 눈뜬 자가 못 가진 눈먼 자의 영민함이 아니던가. 눈뜬 눈이 볼 수 없는 것은 눈먼 눈에 더 잘 보인다고. 그것이 신의 섭리라고.

  검정은 모든 색깔을 다 받아들인다고. 모든 색깔이 다 모이면 검정이 된다고. 스치기만 해도 얼룩지는 유치하고 경박한 흰색보다 얼마나 깊고 높고 광대한가. 신의 자비야말로 검정이 아닌가. 그래서 까마귀는 접신력을 가진 신의 전령사라고. 그 무엇으로도 더럽혀질 수 없는 순수 그 자체라고. 어떤 찬사도 비난도 검정을 검정 이상도 이하도 아니게 할 수 없는 숭고함이라고. 늘 홀로이고 밤중인 고독과 영민함과 숭고함의 시인이라고. 시인이 선택해야 할 길은 다들 외면하는 까마귀의 길이라고. 한번 울음 울면 반경 260여km 안을 몸서리치게 하는, 고독에 사무치게 하는 시 한편을 쓰고 싶다. 도래까마귀가 되어서.

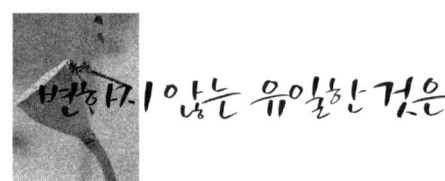
변하지 않는 유일한 것은

살같이 빠르다는

한 세월을

그대

부리가 빠알간

젊은 새요

옛 어르신들

그 말씀대로

연약한 죽지를

더욱 의지 삼고

느릅나무 높은 가지

하늘 중턱에다

한 개 작은

둥지를 틀고

음악이 모자라도록

춤을 추어 살자

햇발이 모자라도록

웃음 웃어 살자.

-「동행」 전문

소싸움은 있는데 말싸움은 왜 없냐고?

말꼬리로 건드리면 더 기분 나빠져

뜻 없는 말꼬린데, 말도 안 된다고

히히 힝~ 말머리를 돌리지만

말싸움은 늘 말꼬리 때문이지

히히 힝?!

말소리가 비웃는 소리와 비슷한 줄은 알지만

한번 잡힌 말꼬리는 말머리를 돌려도 때는 늦지

갓 눈뜬 침대에서
망아지들이 먹고 나간 아침 말구유에서도
잡히고 물리는 서로의 말꼬리
사이 좋게 외출해도 각자 따로 돌아오면
텅 빈 마구간도 몽골 초원이나 된 듯
야생마의 생리도 길길이 되살아나서
말꼬리로 우롱하고 말꼬리 물고 늘어지고

고치기에는 늦어버린 습관으로 굳어져
아무리 칼로 물 베기라고 하지만
검은머리 파뿌리 되어도
염색약 발라가며 싸우게 되잖아.

-「말싸움, 염색약 발라가며」 전문

토마스 울프의 「Look homeward Angel!」, 「You can't go home again」, 「Of Time and River」 등 어디에서 거듭 읽었다고 기억하지. 모두는 고독하게 태어났다고. 과거를 살았던 이들도, 미래를 살게 될 이들도 마찬가지라고. 모두 고독하게 울음 울며 태어나 고독하게 살다가 고독하게 죽는다고. 우리는 서로 낯선 이들이며 끝내는, 서로를 전혀 이해하지 못한다고.

위의 책들을 읽었던 젊은 날에는, 고독으로 일관된 그의 말이 너무 좋았지. 그래서 아직도 기억하고 있는 게지.

물론 그때의 내가 생각했던 고독은 바쁜 고독이었고 사치스런 고독이었지. 하고 싶은 일에 몰두한 나머지 아무도 내 일의 중요성을 이해해주지 못할 때, 지저스 크라이스트가 일생 동안을 그것도 고작 33년을, 그동안에도 기껏 3년밖에 안 되는 공적인 삶에서, 지옥을 천국으로 바꾸려 불철주야 피땀을 흘렸던 그 고독, 어떤 인간도 알아줄 수 없고, 알아주려 하지 않은 그의 고독을, 오직 신(神)밖에는 알아주지 못하는, 오로지 그 혼자만의 멍에이자 사명인 고독을 떠올렸던 때였으니까.

살아오면서, 혼돈을 입고 혼돈 속을 걸어가며 혼돈밖에는 말할 것이 없는, 그저 그런 시인으로 살아오면서, 무수히 절감해온 건 고독하다는 것. 뼈가 저리고 뼈마디가 소리쳐 울었던 고독을, 고작 고독(孤獨) 두 글자에다 담아낼 수밖엔 없다는 외로움을, 그저 고독이란 한 어휘로 너무 가볍게 하찮게 처리해버리고 만다는 어처구니가 얼마나 기막힌 고독인가를.

　신의 모상(模像)이라는 인간이 어찌 이렇게도 가벼울 수 있고, 하찮아도 되는가 하고. 그런데도 다른 낱말이 없다는 것, 한때는 고절감(孤絕感)이라고도 해봤지. 어떤 이는 외로움이라 하고 어떤 이는 홀로움이라고도 하지만, 어감도 느낌의 깊이도 크기도 색감도 영 아니지. 더구나 죽네 사네 물고 뜯던 사랑도 미움도 다 변해버렸다는 것까지 겹쳐서, 고독을 고독이라고 말하거나 쓰는 것조차도, 고독을 너무 가볍고 하찮게 모독해버리는 짓이라고 말이지.

　변하지 않는 것은 아무 것도 없지. 누가 몰라? 다 알지. 쓰고 보니 바보이고 숙맥(菽麥)이 되고 말지만. 바보와 숙맥이 된들 어쩌랴, 누군 바보숙맥이 아니랴. 그런 부분을 누군들 안 가질 수 있으랴.

　모든 것은 변함없이 변한다는 것만이 변하지 않는 유일무이한 사실인 것을. '하느님 아버지'라는 호칭조차도 '하느님 우리 어머니'이거나 '부모님이신 하느님', '나의 어버이신 하느님'으로 바뀌어야 마땅하니까.

나도 변했고 변하고 있고 더욱 변하고 싶지. 모더니즘이 좋더니 쉬르(surr-)가 더욱 좋아지지. 미술관도 너무 많이 봐 와서인지, 옛 것이 아닌 최신의, 최최최 최신(最新)의 작품만을 찾아다니게 되었지.

그러니 수십 년을 함께 살아오면서 정말로 함께 살아온 것인가? '함께'라는 말이 맞는 표현인가?를 재 재음미, 재재재 의심하게 되지 않을 수 없지. 사랑하는 법을 배워본 적 없이 싸우는 것이 사랑 표현인 줄 알던 부모 세대를 보고 자라선지, 사랑하느라 싸우고, 미워하느라 싸우고, 심심해서 싸우지. 입으로 살아오다가 입을 퇴직시키고 나니, 입이 할 일이 없어서 말싸움을 하게 되지. 아니 고독해서 싸우게 되지. 바쁜 고독이 되지 못해서 싸우지. 잘못 살아온 자신이 혐오스럽고 한스러워서, 이유가 없어서, 이유가 너무 많아서 싸우지. 말싸움 외에는 할 짓이 없어서지. 소싸움은 있는데 말싸움이 없어서지. 너무 익숙해져서 고독하다는 것도 모르고, 말싸움인 줄도 모르고, 일상으로, 습관으로, 사는 것으로 싸우게 되지만.

첫 시집을 다시 읽어보니 정말 부끄러워. 어째서 이렇

게도 맹꽁이었을까 싶지. 사랑밖에는 몰랐고 모르고 싶었고, 그것이 시였고 이성(異性)이었고, 둘이 결국 하나였음을, 사랑과 열정의 분간을 못했고, 분간 안 되던 몽매의 시절이 내게도 있었구나. 그런 때를 거쳐 왔구나 싶어지지.

그 동행(同行)을 정말 구했을까? 어쩌다가 마주쳤을까? 운명적이었을까?를 새삼 묻고 싶지 않지. 너무 많이 되물었으니까. 이제와 그걸 따져서 뭣해? 그저 소싸움이 있으니 말싸움은 당연히 있어야 하고 사방에 널려 있으니까, 나도 말싸움을 하다보니 세월이 지나가 주더라고, 멀찍이 물러서서 구경하는 내가 또 있다는 것이지. 구경하는 내가 있으니 말싸움을 하는 나는 진정 치열한 말싸움도 못되지. 싸우는 시늉만 하는 거지.

모스코에 갔다가 고리키 대학에서 첫사랑의 남자가 바로 고리키 그였음을 회상하게 되었지. 나의 10대는 멸공이, 20대에는 반공이 국시였던 시대, 바로 그런 때 그 위험스럽기 짝이 없는 이 남자를 얼마나 열렬히 사랑했던가. 바로 그런 그의 흉상을 마주하자, 만나본 적도 없는 그를 위해, 불 밝혔던 젊고 싱싱했던 무수한 푸른 밤들이 떠올랐지.

다음에 그가 살았다는 저택을 보고 나는 급변하고 말았지. 나는 결국 신앙으로서가 아니라, 지저스 크라이스트조차도 세상을 뒤엎어버릴 꿈 하나로 살았던 너무나 비현실적인 남성으로서 좋아해 왔다는 것을, 막심 고리키 역시도, 고리키라는 '고생스럽다, 쓰라리다' 라는 러시아 말의 의미였다던데, '최대한으로 쓰라리다' 라는 성장기와 신념을 잊지 않으려고 지은 필명이었다는데 어떻게 그렇게도 호화스런 저택에서 살았단 말인가?

내가 사랑해 마지않았던 막심 고리키는, 낮에는 볼가강을 오르내리는 화륜선에서 석탄을 퍼 나르고, 하루의 중노동을 끝낸 밤에는, 날 새는 줄 모르고 열 손가락의 손톱에 끼여 있는 새까만 석탄가루가 떨어지는, 바로 그 손가락에 침을 발라가며, 책장을 넘기며 그 열정의 남성, 막심(최대한) 고리키(쓰라리다)였지 않았나 하고. 너무 너무 실망한 나머지, 나의 무수한 연인들의 명단에서 그의 이름을 주저없이 도말해 버리고 싶어졌지.

나는 왜 늘 죽어 없는 남성들을 사랑해 왔을까 하고. 젊은 때도 그랬고, 아직도 나는 이렇게 비현실 초현실,

허공 저 너머의 누군가를, 실재하지도 실재할 수도 없는 누군가를, 실재해주기를 바라고 우기며 믿느라고 신앙으로 갈망하고 있다는 것을, 바뀌고 바뀌어 왔으면서도 앞으로 더욱 바뀔 줄 알면서도 포기하지 못한다는 것을. 지난 30여 년 우리 민속에 미쳐온 것도, 바로 민속에는 이런 비현실과 초현실이 있기 때문이고, 쉼 없이 변하는 변덕스런 인간 너머에 있기를 갈망하고, 있어야 할 불변의 영성에 대한 목마름 때문이 아니었을까 싶어졌지. 비록 하느님 아버지의 호칭이 '하느님 어머니' 또는 '부모님이신 하느님'으로 바뀐다고 해도 본체나 본질을 마찬가지라고 믿고, 마찬가지이기를 갈망하기 때문이라고.

이러한 믿음이야말로, 살수록 고독은 깊어져 왔다는 체험이 일러줬지. 살수록 인간적인 모든 것은 변하고 만다는 한계를 가진다는 것에서, 심지어는 물리학을 할수록 믿게 된다는 창조에 대한 가설의 도움까지도 받아가면서. 찰나를 단위로 변하는 것은 인간적이지만, 그럼에도 불구하고 불변의 고독이 분명히 있더라는 체험이지.

불변의 무엇을 갈망하는 그 갈망만이 불변의 희망이고 애원이고 믿음이라는 것이지.

그렇지 않고서야 10대에 만난 시에 대한 짝사랑이 어떻게 반 세기가 지나도록 불변일 수 있단 말인가. 안 그런가? 진짜 바보이고 숙맥이지. 그러나 이왕이면 진정한 참 숙맥 참 바보가 되고 싶지.

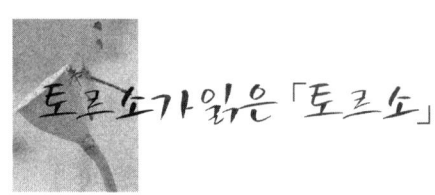
토르소가 읽은 「토르소」

 편두통이 와야 내 어깨에 머리가 얹힌 줄 알게 되고, 발목을 삐고 나서야 내 몸에 다리가 달린 줄 알게 되고, 마주 걸어오는 가족을 못 보기도 하고, 악수를 풀기도 전에 이름을 잊고, 혀와 입술이 따로 노는 등 무수한 증거들이 때 없이 확인시켜주곤 하지. 나는 토르소(Torso)라고.
 돼지 눈에는 돼지만 보인다고 내가 토르소라서 토르소들만 보이는지, 남대문시장, 명동입구, 때론 전철역에서도 팔다리 장애의 토르소들을 만나는 우연이 거듭될수록, 나 자신과 마주친 듯, 미완의 나를 스스로 완성해야 하는 막막함에 빠지곤 하지. 이런 조우가 우연을 가장한 필연일지도 모른다 싶어지면, 나는 미완(未完)으로 또는 잠정적 가설(暫定的 假說)로 산다 싶어져, 여기 지금의 나는 다만 연역적 가설적 허상(演繹的 假說的 虛像)일 뿐이라고 자기 비하적이 되곤 하지.

그래 나는 허상이자 가설일 뿐이야. 귀납적 경험적 존재(歸納的 經驗的 存在)가 아닌, 훗날 거기에서 완성될 것을 바랄 뿐이라고. 이론상으로만 여기의 지금을 살고 있을 뿐이니까. 지금 여기를 너머 선 다음의 어디를 늘 상정하게 되어, 아니 시인이면 누구나 바라는 바 태초의 아담이고 싶어서 토르소를 쓰게 되지 않을까.

포항공대의 도서관 근처였던가? 노벨상 수상자들의 두상이 즐비한 중에 빈 자리가 있었지. 도서관에서 머리 식히려 나왔다가, 자기 머리를 대 위에 올려놓고 노벨상의 꿈을 포기하지 말라는 의도였다던가?

태아(胎兒) 적에 어머니의 이혼으로 아버지 없이 태어났고, 세 살 때 어머니의 재혼으로 계부 밑에서 자라 신프로이트 학파의 에릭 에릭슨은, 계부의 성을 따라 에릭 홈버그라는 이름으로 자라, 첫 논문까지도 계부의 성을 따르면서 갈등한 끝에 마침내는, 만난 적도 없는 친부의 성을 따라 에릭 에릭슨으로 고친 때가 그의 중년이었던가? 에릭슨의 자아 정체성 개념을 이론으로 구축한 제임스 마샤는, 누구나 사춘기가 되면 정체성 혼미를 거쳐 정체성 확립을 시도한다고 했지. 우리는 사춘기에 부모가 지어준 이름 및 자아상이나 희망 등을 다 바꾼다. 뿐만 아니라 자라면서 바꾸고 또 바꾼다. 세상과 자기를 알아갈수록 횟수는 잦아지는데, 되고 싶고 살고 싶은 진정한 자기로 다시 태어나려 애쓴다. 그런 정체성 혼미기(正體性 昏迷期)마다, 다들 토르소가 되어 제 얼굴 제 팔다리를, 아니 제 자신을 송두리째 버리고, 바꾸고, 창조, 재창조를 시도한다. 그래서 토르소는 영원한 미완의 작품으로서, 영구히 명작(名作)일 수밖에 없다.

그래서 시인들도 예술적 변신(藝術的 變身)이라는 실험(實驗)과 재실험으로 머리와 팔다리를 버리고, 바꾸고 또 바꿔 쓴다. 나도 그런 변신과 실험을 늘 시도한다. 늘 토르소가 되어 새로 나를 만드는 작품을 쓰려 한다. 내가 참여하는 합평 모임에서도 누군가가 써온 토르소가 있었지만, 발표되진 않은 거로 안다. 나 역시 늘 몸통뿐인 시인으로서, 나만의 나를 새로 만드는 토르소를 썼으나, 몇 해를 주무르기만 하던 중에, 이장욱의 「토르소」를 보고 너무 당황스러웠다. 또 선수를 뺏겼나 하고, 다 써 놓고도 퇴고한다고 주무르다가 마땅한 지면을 찾다가 등등으로 선수 뺏긴 시인들이 어찌 나 혼자만이랴. 저리고 떨리는 손으로 펴서 두 눈 홉뜨고 거듭거듭 읽었지만, 천만다행으로 내 것과는 전혀 다른 발상에, 제목 내용 모두 너무 달라서 반가웠다고나 할까. 내가 미처 생각 못한 시상이어서 안심되어 더욱 좋았을까?

    때때로 나는 목이 없다
    습관도 없고
    냉혈한의 표정도 없고
    사람들에게 자꾸 따뜻해진다
    팔을 자르고도
    목을 자르고도

    나의 두 발은 버스를 기다리고
    나의 두 손은 반갑게 악수를 하고
    나의 입술은 혼자 중얼거린다

잘린 손톱들은 잊는 데 3초

습관 하나가 몸에 배는 데 3주

하지만 진정한 냉혈한의 표정을 짓는 데는

일생이 소요된다

오늘도 자화상으로는

뒷모습의 토르소가 어울려

언제나 모순만을 말하는

신성한 입술을 갖고 싶지만

그런 온몸이 사라진 뒤의 일

오늘도 자꾸 몸에서 돋아나는 것들이 있어서

오늘은 또 자르고 싶은 것들이 있어서

나는 중얼거릴 입술도 없이

그래도 온몸으로.

「토르소」, 이장욱

  2~3년 전쯤 합평 모임에서 처음 만난 이장욱 시인은 옥골선풍 미남자(玉骨仙風 美男子)였는데, 매우 유머러스하여 찻집에서 영어로는 자신이 'This Long 욱—' 하

던 유머가 안 잊힐 정도로 호감을 느꼈다. 학부 전공이 러시아 문학이라고 들은 듯하고, 그가 쓴 러시아 혁명사와 얽힌 러시아 문학을 얻어 읽고 아주 반해버렸는데, 그 책에서 러시아의 미래파와 만났던 것이 모처럼의 황홀한 독서 경험이었다. 또 시집 『정오의 희망곡』은 몇 번이나 거듭 읽으면서, 우리나라의 미래파 작품을 공부하는 기회가 되었고, 그 시집 중, 죽은 친구가 휴대폰에 보낸 한잔하자는 문자 메시지가 잊혀지지 않았다. 어느 계간지의 1회 장편소설 당선작가로서 강의와 비평 등 전방위 문학에서 재능이 증명되지만, 나는 그의 시가 더 좋다.

그의 시는 새로움과 놀라움 자체여서 태초의 창세기 같고, 개체 발생과 계통 발생과 단절된 듯, 낯설고 엉뚱해서 좋다. 만난 적은 없지만 부인도 시인이라니, 시인 커플도 멋스럽지 않는가.

차원 높은 유머, 다리 밑에서 주워왔다 ―늘 다리가 문제이지

한강다리를 건널 때마다 다리 밑으로 눈이 간다
다리 밑에서 주워왔대서 섧게 울었던 산골아이 적에는 사다리에서 떨어져 다치기도 했지만
외나무다리 돌다리 징검다리 섶다리 흙다리 너럭바위다리를 건너다녀야 했고
자라면서 공골다리(콘크리트) 철다리 굴다리 땅다리(육교)라는 구름다리도 건너다녔고
나비나 잠자리의 허궁다리도 아니면서 헛다리짚기 일쑤였던 사랑도 앓았고
어른이 되어서야 남자의 가운뎃다리, 허벅다리, 소실

이라는 곁다리를 알았고

  한강을 건넜다는 정조임금의 배다리와

  장수를 기원하는 아기의 命다리*와 다산풍요를 비는 놋다리** 줄다리도 배우게 되었지

  발음이 같으면 효능도 같다고 믿어, 젊은 여인들이 달밤에 다리를 건너다니며 다리 힘을 단련한 다산여속(多産女俗)이 있었고

  건강한 자식을 임신 출산하도록, 고대 스파르타가 소년들에게 강요한 다리체조가 여성교육의 효시였다니

  누구나 다리 힘으로 생겨서 다리 밑에서 태어나지

  연인을 이어주는 결혼도 다리공사라고, 돌다리도 두드

---

*命다리 : 아기의 돌떡을 받은 친척이나 이웃이 답례로 돌돈이나 무명천 등과 함께 한자(漢字) 한자씩을 써 주는 풍속이 있었다. 그렇게 받은 글자로 흰 무명천에 천자문을 만들어 아기의 머리맡에 걸어두고 명다리라고 했다. 또는 돌 때 받은 글자를 모아 천자문책을 만들어 훗날 아이의 교육용으로 사용했는데, 이를 천인천자문(千人千字文)이라고 했으며 아기의 장수장명(長壽長命)을 기원하는 뜻이었다

**놋다리·안동이나 익성 지방에서 정월 대보름날 달밤에 젊은 여자들이 번갈아 공주가 되어 무리가 구부린 등허리를 밟고 건너가는 달밤놀이로, 월정(月精)을 받으며 다리운동을 하여 다산력을 강화하는 민속놀이, 놋쇠처럼 강한 다리를 뜻하는 이름

려보고 건너라고 했겠지
　다리가 무너지면 가족해체와 후유증도 사회문제가 되지
　6·25 난리 때는 한강다리가 끊겨 전쟁피해가 불어났고
　성수대교가 무너졌던 때는 인명피해에 교통혼잡과 물류유통 문제도 생겼다니까

　다리는 늘 다리 이상의 문제이지.

　학생 적에 배운 것으로 기억된다. 성격 발달의 보조기제로서 유머(humor)가 있다고. 유머란 직접적인 신체적 공격충동을 언어로 승화시켜 물리적인 공격을 사회가 허용하는 방법으로 승화되는 심리적 기제(機制)이다. 따라서 분노나 미움을 손발로 때리고 차고 물건을 집어던지면서 표출하던 아기가, 자라면서 그런 직접적인 행동이 부끄러운 줄 알게 되면서, 언어로 욕설을 퍼부어 분노와 증오를 해소시키게 되지만, 이보다는 좀 더 차원이 높은 간접적이고 세련된 표현 방법을 사용하는 것이 유머라고. 즉 언어인지와 정서가 정밀하게 발달되면서, 직접적이고 원시적인 욕설보다, 더 깊고 많은 함의의 언어

를 연결 결합시켜, 더 무거운 분노와 심한 미움을 담아, 더욱 아프게 보복하는 심리적 기제를 이용하는 방법이다.

이렇게 사회가 용납하는 방법으로서 공격욕구를 승화시킴으로써 심리적 갈등을 표출하여 해소시켜 건전한 성격 발달을 돕게 되는 장치인데, 가장 저차원의 유머는 아이들이 킬킬거리며 좋아하는 몸의 은밀한 부분을 가지고 웃기는 말장난이다. 아직 인지의 구조나 도덕적 심리적 함의와 정서적으로 복잡하고 정밀하고 섬세한 발달에 이르지 못한 아이들은, 평소 외부에 드러나지 않고 언어로 일상화하기를 꺼리는, 항문이나 성기 등 신체적인 특정 부분을 그림으로 그리거나 언어화하여 공격함으로써, 상대의 분노나 미움이나 자극 도발시켜 보복하는데, 화장실 벽에 그려진 그림이나 문구들이 흔한 예가 된다. 이를 말초 감각적 유머라고 한다.

다음 차원의 유머가 주로 음담패설이라 할 수 있다. 대개 주고받는 언어를 언어 이상으로 해석하는(over interpretation) 청년기부터 시작되는 유머인데, 함의가 매우 깊고 다양해진다. 스토리를 꾸며내거나 모호한 의미의 해석을 담아 공격함으로써 분노와 증오의 갈등을 해소시킨다. 여러 가지 해석이 가능하도록 창의성이 담겨 있어, 창의적 유머라고도 하는 비아냥거림이다. 한참 뒤에야 본뜻과 의도가 해석되어 조롱당한 울분을 느끼게 된다. 따라서 이런 차원의 유머를 사르카스틱(sarcastic) 유머라고도 한다. 예로서 세상에서 가장 무서운 게 뭐냐?는 질문에 조선시대의 정만서는 탐관오리인 고을 원과 마주앉아서, 포도청도 오랏줄도 아니고 호랑이 타고 앉은 사람이라고 하여 호피를 깔고 앉은 사또를 뜻했듯이, 간접적으로 몇 번이나 에둘러야 알도록 하는 유머이다. 옛날 글방의 아이들이 주막녀한테 가서 안 오는 훈장을 기다리다가 훈장집의 대나무를 잘라 장난치고 놀았다. 훈장이 돌아와 자기의 대나무를 잘랐다고 야단치자, 아이들은 각자 자기 집의 대나무라고 우겼다. 왜냐하면 '선생가죽은 개가죽(先生家竹 皆家竹)' 인데 자기들이 가지고 노는 대나무는 못난 것들이라는 변명으로 훈장을 욕했다고.

난고 김병연의 그 유명한 유머시(또는 풍자시)가 이 부류에 속할 수도 있을 것 같다. 물론 유머와 풍자(satire)는 약간의 차이가 있지만, 크게 또는 넓게는 유사하다고도 볼 수 있기 때문이다. 김삿갓이 북쪽 지방을 방랑하다가 너무 춥고 배고프던 차에 아이들 글 읽는 소리가 재재거리는 집으로 들어가니 마침 글방이었다. 글선생은 어딜 가고 아이들 몇이서 천자문을 펴놓고 장난치고 있었다. 훈장이 나타나면 시장기를 때울 수 있을까 하고 한나절을 기다렸지만 감감 무소식이었고, 겨우 추위는 녹였으나 너무 시장하여 더 이상 참을 수가 없었다. 그래서 아이들의 붓을 뺏어 벼르박에다가 다음과 같이 썼다고 한다. 서당은 내조지[書堂 乃早知]요, 방중은 개존물[房中 皆尊物]이라, 선생은 내불알[先生 來不謁]인데, 생도는 제미십[生徒 諸未十]이라. 뜻보다는 발음으로 글선생을 욕한 유머라고 할 수 있다. 그의 무수한 방랑시 편들이 그가 받아내고 삭여내야 했던 푸대접과 수모와 서러움과 슬픔과 고독 등에 뿌리한 것임은 잘 알려져 있다.

인쇄공을 비롯하여 10여 종의 직업을 전전하다가 20대 초에 겨우 미시시피강의 뱃길 안내인이 되었던 경험에서 작품을 쓴 마크 트웨인(Mark Twain)은, 『톰 소여의 모험』, 『허클베리 핀』 등 그의 작품 어디에서 'Be good and will be lonesome. The secret source of humor itself is not joy but sorrow. Therefore, there is no humor in heaven.'이라고 했다. 천국에는 유머가 없다고 본 그의 이 유머론의 진수는, 유머란 뼈저린 고독과 깊은 슬픔에서 태어난다는 것을, 김삿갓의 시편들에서 쉽게 느낄 수 있음은 누구나 알고 있다. 그래서 이런 차원의 유머는 심리 사회적 유머(psycho-social humor)라고 하여, 전 단계인 신체 심리적(physical-psychological humor)보다는 고차원적이지만, 아직도 보복심리나 증오 분노가 유머의 저변에 깔려 있다는 점에서, 다음 단계의 철학적 유머보다는 하위 수준으로 본다.

마지막으로 가장 고차원의 유머가 철학적 유머(philosophical humor)인데, 앞서 언급한 개인적이든 사회적이든 어떠한 분노나 보복 의도가 완전히 증발된, 순수한 유머라는 점에서는 가장 고차적이다. 인용되는 좋은 예가 링컨 대통령의 유머이다. 링컨이 대통령에 당선되었으나 선거 중의 피로가 겹쳐 수두(chicken pox)라는 유행성 전염병을 앓아누웠다. 도대체 통나무집에서 백악관까지 달려온 전대미문의 전설적인 인물이 어떻게 생겼는가 하고 문병 온 이들의 축하 덕담에, '나는 벌써 나눠드릴 것을 가지게 되었다'고 대답했다는 유명한 애기는 자주 인용되어 왔다. 이런 유머는 상대를 가학적으로 비난하거나 조롱하지도 않고, 스스로의 불행도 자학적 자조적으로 표출하지도 않으면서, 현재의 당면한 자기 불행을 재치 있게 해석하여, 듣는 이와 말하는 이 모두를 즐겁고 유쾌하게 웃기는, 의미 있고 차원 높은 유머이다.

임마누엘 칸트가 미적 대상을 분류함에 있어서 미와 추 외에 숭고함을 더했는데 이는 언어로 정의될 수 있는 개념이 아니라, 오랜 세월 고통의 과정에서 빚어지고 풍겨나는 무엇이라고 했으니, 찰리 채플린의 유머가 성장기의 가난에서 태어난 것이라서, 그의 희극을 보고 들으면서 웃으면서도 울게 되는 것은 바로 칸트가 분류한 숭고함이 아닐까 한다.

이렇게 다차원적인 유머를 공부하던 때, 나는 '다리 밑에서 주워왔다'고 놀림받았던 어린 시절의 유머를 가지고 꼭 작품을 써 보고 싶었다. 물론 그때는 정말로 공골다리 즉 콘크리트 다리 밑에서 주워온 줄을 알았지만.

다리는 별개의 두 존재를 이어준다는 점에서 다양하고 다층적인 함의가 내재되어 있다. 다리 힘으로 생겨서, 다리 밑에서 태어나, 다리를 건너다니며 자라서는, 다리가 되어 살며, 다리 사고를 걱정한다. 위의 작품이 반드시 대표 시로 여기진 않으나, 다리 밑에서 주워왔다는 유머가 좋아서, 또 솔직히 뭔가 길게 쓸 꺼리가 없어서, 그리고 또 금년의 우수작으로 뽑혀 100만 원도 받은 김에 기분이 좋아 얼른 생각난 것일 뿐이다.

# 상식을 끌어와 상식을 뒤집기

　가슴으로 쓰는 시인, 머리로 쓰는 시인이 있다지만, 나는 발가락으로 쓰는 것 같다. 그렇지 않고서야 어떻게 이렇게도 내 마음에도 못 드는 작품만 나올 수 있는가 말이다.

　레오나르드 다빈치는 화가는 오직 자기 자신만 그린다고 했다지. 무엇을 써도 자화상이 되는 시인도 마찬가지 아닌가. 평생 '원하는 자기 자신'을 임신하여 낳기가 얼마나 힘든가 말이다. 이른바 거듭나기 곧 중생(重生)이 작품마다 편편에서 이루어져야 하니까 말이다.

예술은 사기(詐欺)라는 예술가가 있었지. 예술은 발작이고 경련이라는 예술가도 있었지. 예술은 감동이란 이도 있었고, 느닷없는 뒤통수치기라는 이도 있었으며, 오로지 위대한 새 발견만이 예술 작품이라는 예술가도 있었으니, 모름지기 예술 작품이 되려면 새롭고 놀랍고 기발하여, 느닷없이 갑자기 냅다 뒤통수를 치는 것이어야 한다는 창의성이론의 학자들이나 예술가들까지, 예술 작품으로서 시 창작에 요구하는 조건들은 이들 조건 모두를 충족시키라는 강요가 아니고 무엇이랴.

새롭고 놀랍고 발작과 경련을 일으키는 기발하고 감동적인 위대한 새 발견으로 태어나게 하려고, 언어를 뒤틀고 비틀고 쪼개고 찢고 부수고 섞고 주물러 놓는 사기(詐欺) 치기가 얼마나 어려운가 말이다. 써 놓고 보면 누군가가 썼던 것과 비슷하기도 하여, 울며 겨자 먹기로 버려야 하는 것을.

바이블의 전도자 말대로 '날(해) 아래 새로운 것은 없는' 데, 새로운 것(소재)을 누구도 시도해본 적 없이 새롭게(기법) 써야 하니까. 편편이 딱 일회로서 끝이어야 하니까. 새로움만이 예술이니까.

시는 언어라는 고집스럽고 보수적인 그릇의 특성 때문에, 음악이나 그림 등의 타 예술보다는 항상 진부하고 뒤쳐지게 마련이지 않는가. 아무리 애써도 새로운 실험이고 놀라운 변신이기가 얼마나 어려운가 말이다

좋은 작품은 비평 불가능한 작품 아닐까 생각도 한다. 이건가 하면 저것 같고, 여긴가 하면 저기나 거기에 있는, 종잡을 수 없는 번개나 우레 같은 설명 불가능해야 한다고.

좋은 작품이란 여러 기준에서 볼 수 있을 테지만, 비평하기 좋은 작품이 아니라, 비평조차 불가능한 작품이 더 좋은 작품일 것이다. 흔히 비평에서, 이때껏 자기 세계를 구축한 시인, 평생 외길을 걸어온 시인 작가라고 하지만, 아무래도 아닌 섯 같다. 자기 세계를 구축했다면, 거기가 저기인 둘레를 뱅뱅 돌아다닌 작품들이 많다는 의미도 될 수 있어, 과연 창조인가, 예술다운 작품들이

었는가? 의문도 제기될 수 있고, 평생 한 세계란 예술가에게는 적용되어선 안 된다고 본다.

예술은 기존에 대한 도전이고 반란이다. 아름다움이야말로 기존을 무시하는 반란의 발작이고 경련이니까. 형식 파괴, 방법의 왜곡이 너무 어렵다. 모름지기 갈지(之) 자로 살면서 끊임없이 새로운 체험으로 새것을 찾은 방황의 예술가가, 어떻게 한 세계만 구축할 수 있었겠는가 말이다. 피카소는 6개월마다 작품을 바꿨다고도 하지만. 편편이 그럴 수는 없어도, 적어도 시집마다에서는 그런 시도를 보이고 싶다.

그래서 반시(反詩)로서 시를 쓰고 싶은데, 되지 않는다. 하늘에서 떨어졌고, 땅속에서 솟아오른, 처음 보고 듣는 기상천외의 것이면 진정한 창조가 될 수 있겠지만, 계통발생과 개체발생에서 단절된 처음보다 더 처음의 것이면 진정한 창조가 되겠지만, 언어자체가 진부하고 고집스러운데, 언어 아닌 상징 부호나 기호를 사용할 수 없는 문학에서는, 언어에 담긴 상식을 부정하고 뒤집음으로써, 새로운 상식을 창조해내는 것이 곧 창조가 아닐까 하고.

 훗날 아주 먼 미래에서야 상식이 될 수 있으나 지금은 상식일 수 없도록, 기존의 상식을 끌어와서 진부한 기존의 상식을 뒤집는, 이열치열(以熱治熱)식의 모순을 시도하면 창조가 아닐까 하고.
 시 아니게 써서 가장 시다워지게 하고 싶다. 지금 그렇게 쓸 수 있다는 말은 아니라, 다만 바람이고 꿈이고 이상이지만, 꿈만이라도 거기로 지향하고 싶어서다. 불가능하기 때문에 꿈꾸게 된다. 가능하다면 굳이 왜 꿈이라 하겠는가.

지금 여기보다 훗날의 *거기*를 살려고

프랑켈의 의미 치료에서

빅토르 프랑켈(Viktor Frankel)은 겨우 39살, 그 한창 때에 인류 역사상 가장 잔인무도한 세상으로 끌려갔다. 죽음만이 유일무이한 도피 출구인, 고문과 추위와 기아와 강제노동의 거대한 공포 아우슈비츠(Auschwitz)로. 600만 명의 유태인 중의 하나로서, 그는 날마다 날짜도 요일도 알 수 없이 그저 한 걸음씩 가스실로 끌려가야 했고, 드디어는 여동생 하나 외에는 부모와 동생과 아내와 친구와 지인들 모두가 발가벗겨진 채, 기괴한 괴물의 모습으로 가스실로 끌려 들어가, 더러는 세탁비누로, 더러는 재로 사라지고 마는 홀로코스트에서, 삶의 의미와 목표에 대해 무슨 생각을 할 수 있었겠는가. 『인간의 의미 찾기』라는 그의 책 서문에서, 고든 올포트(G. Allport)는 모든 것을 다 갈취당하고, 모든 가치가 다 파괴되고 기아와 혹한과 무자비한 야만의 짓거리밖에는 아무것도 없는 상황에서, 목숨을 유지할 가치를 어떻게 찾아낼 수 있었을까? 라고 썼다.

두 줄로 끌려가는 길에 나치 병사 하나가 그를 쏘아보다가는, 왼줄에 선 그를 빼내어 오른줄에다 세웠고, 그날 정오까지 왼줄에 세워졌던 유대인들 모두는 검고 흰 연기가 치솟거나 더러는 붉은 불길도 치솟는 가스실에서 흔적 없이 사라져야 했다. 그들은 발가벗기고 안경까지도 빼앗긴 완전 알몸이었고, 프랑켈은 첫 저술 작업 원고를 껴안고 한사코 애원하고 설명하고 항거했으나, 냉소와 조롱 외에는 아무 소득이 없이 목숨 걸고 지키려던 원고를 내동댕이쳐 없애버렸을 때는 인생이 끝장났다는 느낌뿐이었다.

바로 그때 Schema Yisrael이라는 기도문, 즉 '네 힘을 다하고 마음을 다하고 영혼을 다하여 주 너의 야훼를 사랑하라'는 종교적 의미를 제대로 해석하게 되었다. 그 기도문은 소명(召命, Symbolic Call)이었고, 신경학자 심리치료사 비엔나의 로체스타 아동병원 신경학과 전임 과장 빅토르 프랑켈은, 아우슈비츠의 119, 104번에 불과했다. 그는 굶주리고 떨며 못 자고 못 쉬며, 얼어붙은 땅에 구덩이를 파고, 철로를 놓고 터널을 만드는 강제노동만이 일과였지만, 영적인 자유만은 어떤 경우에도 빼앗길 수 없음을 처음으로 깨달았다. 그 자유란 죽음과의 대면에서조차도, 어떤 태도 어떤 마음가짐을 선택할 수 있다는 근본적인 자유였다. 이러한 영적인 자유는 그 무엇으로도 빼앗을 수 없는 존재이유이며, 존재의 결과를 결정짓는 궁극적인 힘으로서, 삶에 의미와 목적을 부여해줄 수 있는 생존 이유였다. 그는 의미란 죽음을 포함한 모든 고통스런 상황에서도 발견될 수 있다고 했다. 산다는 것은 고통을 견디는 것이며, 고통에서 의미를 발견하는 것이야말로 생존해내는 바로 그것이라고 생각했다.

전쟁이 끝나고 비엔나 의과대학으로 돌아와 신경과 및 정신치료 교수와 폴닉클리닉병원의 신경과 과장이 되어, 인간존재의 중요성은 삶의 의미발견이라는 의미 치료(Logo-therapy)를 체계화하여, 무수한 논문과 저술 강의 강연 등으로 오스트리아 및 미국에서 치료와 학문적인 활동을 계속했다.

그의 의미 치료는 의지의 자유(freedom of will), 의미에의 의지(will to meaning)와 삶의 의미(meaning of life)를 축으로 한다. 개인은 자기를 넘어섬으로써 진정한 자기가 될 수 있다고 본 그는, 삶이 외적조건에 영향을 받는 존재 이상으로, 외적조건에 반응할 수 있는 여러 가지 반응을 선택할 수 있는 자유를 가졌다고 보았다. 그런 선택의 자유가 우리로 하여금 우리를 넘어설 수 있는 진정한 우리 이상이 될 수 있게 해주는 능력이라고 했다. 프랑켈은 의미는 외부 세계로부터 취할 수 있는 의미와, 창조적으로 외부세계에 영향을 미칠 수 있는 의미와, 고통에 대해 취할 수 있는 태도의 3가지로, 영성(spirituality)과 자유(freedom)와 책임(responsibility)이라고 했다.

영성이란 개념화할 수 없는 모호한 개념일 뿐 아니라 우스꽝스럽다고 치부되기도 하는 개념으로서, 외부에 원인을 둔 것도 아닌 스피릿(spirit) 또는 소울(soul)과 흡사하게 보아, 종교적 신앙과 가까운 개념을 보면 다소

쉬울 것이다. 자유란 행동의 선택으로 사용되는 개념으로서 자유를 경험하지 못하는 사람은 편견에 매여 행동하며, 가능성이나 발달에 방해되는 정신 신경증적인 것으로 볼 수 있고, 책임이란 선택의 결과를 수용하는 개념으로서, 제2의 인생처럼 살아라, 마치 첫 번째 인생을 잘못 살았던 것처럼, 지금부터는 그렇게 다르게 살아라 라고 하는 의지와 노력의 개념으로 볼 수도 있다고 했다.

초현실적 영성과 신비에 대하여

문학 예술과 같은 창조 작업은 행운보다는 불운에 더 크게 덕을 보았음을 역사가 증명해주고 있다. 문학이 더욱 그럴 것이다. 어찌 문학 예술뿐이겠는가. 과학이나 여타의 분야에서도 마찬가지일 것이다. 이미 지그문트 프로이트(S. Freud)의 심리성적 접근의 정신분석학에서 성격 발달은 청년기까지의 경험을 근거로 그 이후의 전복이란 불가능할 뿐 아니라, 이전 것의 표피적인 변화에 그친다고 보았다. 우리 속언에도 '부모팔자 반팔자' 라는 말처럼 초기 인생이 전적으로 어떤 부모를 만나느냐에 좌우된다는 것에는 반발의 여지가 있어 왔다.

  자신의 자유 의지와는 무관한 부모와 환경이 되는, 타인의 어떠함에 의해 피동적으로 형성된 가치나 도덕율 등의 경험이, 후기 인생을 지배한다는 것은, 인간을 수동적 운명적 존재에 불과하게 본다 하여, 이에 불복한 심리학자들의 성장 심리학은, 후기 인생의 중요성을 강조하기에 이르렀다. 고든 올포드, 에릭 프롬, 칼 로저스, 아브라함 매슬로우, 프릿츠 펄스 등과 함께 위에 소개된 빅토르 프랑켈 등의 신프로이트 학파(Neo-Freudian) 학자들의 이론이다. 그러나 이들이 아무리 인생 후기에 적극적이고 계획적인 의도로 자기변화 자기쇄신을 시도하는 의지력이 중요하다고 주장했지만, 그럼에도 불구하고 인생 전기의 경험이 후기까지 지속된다는 프로이트의 학설을 뒤집지는 못했을 뿐 아니라, 그의 전기 결정설을 보완하는 데 중점을 두었다는 점에서, 결국은 성장 심리학으로 이름되는 그들의 학설이 신프로이드 학파로 이름 되었으니, 성장 과정의 트로마(trauma)가 시를 쓰는 먼 원인으로 해석해온 것도 그럴 듯하지 않을 수 없다.

  나도 시인으로서 제2의 인생을 살고 싶다. 그래서 프랑켈의 의미 치료설에 공감하여 지루하게도 그의 학설을 요약해 보았다. 퇴직 전까지가 공부하는 학도로서의 삶이었다면, 퇴직과 함께 시인으로서 당연히 제2의 삶이 아닌가. 지난 삶이 시인으로서 별로였다면, 당연히 제2의 자유의지로 선택한 시인으로서의 삶이 더 나은 두 번째여야 하지 않는가. 개인적으로 프랑켈의 학설의 매력은 그가 아우슈비츠에서 체험한 영성이다.

  개념화하기 불가능한 영성의 개념은, 체험적인 요소에 더 기댔다고 본다. 나는 '지금 여기'라는 현실적 불만에서 초현실이라는 '훗날 거기'를 선택하였고, 그런 영성의 신비에 기대는 시를 쓰고 싶다. 우리 민속에 빠진 이유도 민속이 과거의 것만이 아니라, 비록 원형이기는 하지만 초현실의 영성과 신비가 내포되었기 때문이다. 나아가서 과거의 민속에 그치지 않고 미래의 민속, 미래라는 초현실의 영성과 신비로 이어지게 쓰고 싶다. 그래서 나의 자유 의지로 선택하고 의미를 부여하는 훗날의 거기라는 초현실에는, 나무 표피도 지느러미 있는 물고기가 되어 강물처럼 헤엄쳐 가기도 하고, 건망증이 한심스러운 망각이나 노화의 증후가 아니라 영성의 신비로 오는 휴식이자 정신적 휴가라고 본다. 나를 넘어선 나 이상이기 위해서는 현재도 현재의 의미를 넘어선 초현실로 생각하고 쓰고 싶다.

어쩌면 그런 허황된 해방과 놓임의 자유로운 상태가 아이들의 엉뚱함과 다를 바 없을지도 모른다. 제 눈에 안 보이면 모두들 다 못 보는 줄로 아는 수준이라 할지라도, 나무의 그림자를 지느러미로 보고 싶고, 써내는 편편이 토르소가 제 얼굴을 새로 만드는 변신의 과정이라고 우기고 싶다. 그렇게 변신하고 싶고, 변화와 혁신으로 편편에서 새로운 자기 자신으로 다시 태어나고 싶다. 그리하여 일찍이 아이는 어른의 아버지라고 했던 워즈워드를 거쳐서, 말년으로 갈수록 선과 색상이 단순해졌다는 세잔느를 거쳐서, 취재기자가 전시장을 둘러본 뒤에 꼭 아이들의 그림 같다고 하자, 잘 봤다. 이렇게 아이가 되는데 80년이나 걸렸다고 한 피카소를 지나고, 우리나라의 김기창의 바보산수화, 단순 담백하여 거칠다고 할 정도로 아이들의 장난질 같았던 점과도 상통하고 싶다. 아니 그 이상의 엉뚱하고 낯설어서, 반시(反詩)이니 비시(比詩)이니 등의 비난을 즐겁게 누리고 싶다. 시인의 말이 되는가도 모르겠다

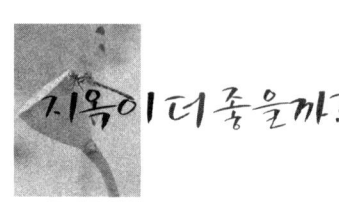

지옥이 더 좋을까?

아구찜을 먹을 때마다 아귀가 된다

정약전은 『자산어보』에 아구 어(魚)라고 썼으니

아구어는 아귀이고 아구찜도 아귀찜이라

'아귀의 역설'*이 생각나서 그런가

안 먹으면 배고프고 먹으면 더 배고파지는 아귀나

먹는 입(아구)를 기준 삼은 식구(食口)도 다르지 않지

어제 세끼를 다 먹고 오늘 또 세끼를 먹어도

채워야 할 내일은 늘 세끼 이상의 허기로 남아 있어

* 단테의 신곡(神曲) 중 「지옥편」에서

먹을수록 배고팠을 아귀의 허기(虛飢)가

나의 허기에 빙의(憑依) 씌워져

쫄깃한 살점과 사각대는 콩나물에 허겁지겁 하다가

매워서 뻣뻣이 굳은 혀를 풀고 나면

굳을 대로 뻣뻣이 굳어버린 나를

동치미 국물처럼 시원하게 풀어주는

어떤 믿음마저도 생기곤 하지

먹을수록 허기지는 나한테는

지옥이 더 인간적일 거라고

더 살기 좋은 거라고

허기 외는 다른 고통이 전혀 없을 테니까

변변한 직업 없이 젊은 날을 보내고 뒤늦게 미시시피 강의 뱃길 안내인이 되었고, 그 경험으로 『허클베리 핀』, 『톰소여의 모험』 등의 명작을 쓴 마크 트웨인은, 유머야말로 불행한 인간에게 신의 자비를 체험시켜 주는 최고의 선물이라고 하면서, '유머의 원천은 기쁨 아닌 슬픔'이라고, '그러므로 천국에는 유머가 없다'는 유머로서 유머의 속성을 말했지.

아무리 생각 없이 살아도 매사가 너무 힘들다 싶을 때

는, 지옥이 더 인간적일 거라는 생각도 든다. 살수록 삶은 힘들게 마련이어서, 살수록 더 힘들어지는 게 인생이라고. 시를 비롯한 모든 예술이 다 너무 너무 힘들 것을 요구하는 이들에게만 주어지는 것 아닐까? 싶을 때, 어찌 예술가들만이랴. 평범에 성공하며 살아오는 범인들에게도 마찬가지가 아닐까? 싶을 때가 너무 자주 오게 되지.

어쩌다 아구찜을 먹는다. 좋아서보다는 자기학대가 필요할 때, 먹기는 먹어야 하는데 딱히 먹고 싶은 것도 없을 때, 또 집에서 밥하기 싫을 때, 동네에서 쉽게 싸게 먹을 음식을 찾게 될 때, 너무 자주 때우느라 사먹은 칼국수나 순두부가 지겨워질 때, 나도 비싼 것 사먹을 자격 있다고 나한테 호통 치는 변덕에 시달릴 때, 아귀찜 집에 가 앉아 '아귀의 역설'의 역설(逆說)에 군침 돌아, 가장 인간적인 데는 아무래도 천국보다는 지옥일 거라고 하느님께 대들고 싶어서.

학생 적에 읽었던 단테의 신곡 그 유명한 구절이 생각난다. 먹는 것이야말로 모든 것의 기초이지만, 먹는 것 이외에 다른 고통이 없다면 먹고 살만하게 된 자의 투정이 될까? 아직도 배를 채우지 못해 고통받는 이들이 얼마나 많다고 이런 생각을 하게 되나 하는 죄의식과 함께 차라리 아귀지옥에나 떨어져 버렸으면.

착하지도 못하면서 착하게 살려 애쓰지만 착하게 살아지지도 않아, 늘 만만한 자기 자신만을 학대하고, 가족들만 괴롭히는 게 아닐까 하고. 밥해 먹는 게 뭐가 힘들다고 이리 심통인가 스스로 한심스러워지면서, 남들은 거리의 노숙인들을 위해 밥해주면서도 즐거워하는데, 이러고도 언감생심 천국을 꿈꾸었다니…. 이런 심통으로 쓰여진 것인가? 나도 모르겠다. 내가 나를 알면 얼마나 깊은 사람이게.

3부

나는 마흔한살 왼손이다
내 병환자의 환부에 예수의 손이
반시론의 시론, 시론도 감옥이다
다시 태어나면 외런 사람으로 살고 싶다
엄마라는 말뜻은 잔소리
따 유안진의 3가지 진실
내 손녀 점심밥
인연, 나의 학문과 일연대선사의 태몽과
할말이 남아 있다고
십리절반 오리나무 : 내 어머니의 나무 노래
두 귀에 운동화 끈 걸쳤더니
시이 사이비 종교는 과연 평화적인가?
기죽이고 겁주어 오기로 덤비게 하는 책
다여, 나를 용서하지 마라

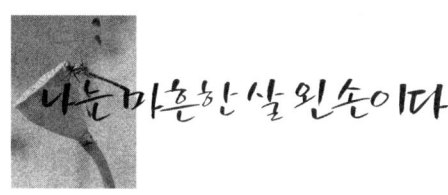

나는 마흔한 살 왼손이다

 나이를 물을 때면 얼른 마흔한 살이라고 대답한다. 물론 못 알아듣는 표정이곤 한다. 1941년에 태어났으니 방년 41세 한창 나이라는, 내 주관적으로는 지극히 타당한 근거도 제시한다. 시인이 자기만의 기준을 가진들 어찌 흉이며 또 좀 엉뚱하면 어떠랴 싶어서-.

 이런 어거지 계산과 해석은 바랄 수 없는 것을 바라는 희망 아닌 허망일 게다. 일생 중 40대가 가장 좋을 것만 같다. 적절한 경험과 안정과 적절한 젊음이 고루 갖춰진 40대로 돌아가고 싶은, 불가능이라서 그렇게 살아야 한다는, 또 한창 때를 제대로 못 살아온 회한까지 범벅되어서…. 그런 날은 제법 심각해지곤 한다. 나만 이러하랴마는, 아무튼 뭣하며 뭣으로 살았느냐고, 살고 있고, 살아갈 거냐고 되짚고 되묻게 되는 버릇이다.

50대에 나는 자화상이란 시를 처음 써봤다. 시인이 쓰는 모든 시가 자화상일 수밖에 없는 줄 알면서도, 왜 그런 시를 쓰게 되었는지 생각나지 않지만, 그때 내 자화상을 '흐르는 구름의 딸이요 떠도는 바람의 연인이라'고 썼고, 시집 제목으로 삼기도 했다. 한 십 년쯤 지난 이즈음 나는 더 이상 눈비나 이슬, 서리, 강물과 바닷물 같은 구름의 딸도 아니고, 떠돌며 잡히지도 머물지도 않는 바람 같은 연인을 두었던 적도 없었던 것만 같다.

오히려 나는 왼켠이었고, 왼손이고 싶다. 스스로 희망이 되는 왼켠과 왼손! 이름만으로도 희망 자체가 되는—. 희망에 굶주려서도 목말라서도 아니다. 많은 시인, 작가들도 그러하겠지만, 어쩜 발달과업에서 나타나는 자기연민과 자조와 절대자에 대한 항변과 반항, 억지 부리기, 자기 합리화(?) 등의 일만 가지 감정이 버무려져 발효되는 악취일지도 모른다.

우리 민속에서 왼켠의 성격은 나와 많이 닮았다. 싫든 좋든 내 뜻과는 상관없이, 아무래도 나는 누군가의 무엇

의 무엇을 위해서, 언제나 뒷전이고, 그늘이고, 대타(代打)이고, 보조자나 대기자로 서성이고 머뭇거리는 존재였다는 생각만 든다. 드물게도 마지못해 아쉬워서야 찾아지는 존재에 불과하고, 보이는 눈에만 보이는 무존재 같은 존재, 역광(逆光)에서만이 본모습이 드러나는, 그늘에서 더 잘 뵈는, 뒷전에서나 만나지는, 밤중의 달빛 같은, 침묵이 언어이고, 춥고 어두운 서북향이고, 후미진 골짜기를 안방 아랫목으로 삼았고, 여기가 어딘지 묻지도 생각하지도 않고 와 보니, 다시 바늘귀 앞에 서게 된 듯한-. 마치 어눌하여 속상하고 부끄럽고 서러운 왼손 같은-.

아이러니컬하게도 죽음을 보고서야 삶을 제대로 인식하게 되듯, 삶을 관장하는 죽음 편인 왼쪽, 인간의 방위는 오른쪽이지만 왼쪽은 우리 문화에서 신의 방위가 아닌가. 이렇다면 나는 죽음 편에 서서 내 삶을 관장해오지 않았을까? 현실과 종교의 대비로 보면, 나는 죽음과 종교 편에서 나의 현실과 삶을 조종해 왔다 해야 할 것이다.

아이 적에 어른들로부터 좌우방위 가려 쓰도록 배웠다. 뒤를 닦을 때나 요강이나 타구(唾具)나 돈을 잡을 때는 '반드시 왼손으로', 책이나 붓이나 먹 또는 벼루 같은 거룩한(?) 것들은 '반드시 오른손으로', 무거워서 한 손으로는 힘들면 각기 해당되는 손이 먼저 나아가야 하고, 다른 손으로는 보조할 것이었다.

  그 어른들은 모두 가셨고, 변할 것 안 변할 것 죄다 변했다. 아이가 밥 먹기를 배우거든 우수(右手)로 먹게 하라는 소학 입교(小學 入敎) 편의 가르침을 금과옥조로 따랐던 결과, 부모의 가르침을 거역한 결과인 왼손잡이를 불효라 했다지. 부모님도 안 계신 지금, 나는 왼손잡이가 되어도 괜찮으니까. 어긋목 놓고 싶어, 불효 짓만을 가려가며 해보고 싶어지는 심통도 생기곤 하니, 겨우 숟가락질을 배우는 아기도 되어 다시 크고 싶다.

  돌림병(전염병) 환자의 집을 지날 갈 때나, 까마귀 우는 불길한 소리를 들으면, 왼발로 그 자리에서 3번 땅을 치고는, 환자의 집이나 까마귀 소리가 들린 쪽을 향해 3번 침을 뱉아야 한다고도 배웠다. 이런 굿거리는 무당 아닌 누구라도 할 수 있어야 죽지 않고 살아남을 수 있었던 시대에, 아이 적부터 나는 이런 주술행위를 배워 실행하며 살아남았다. 그래서 나는 아주 어릴 적부터 종교와 죽음으로 내 삶을 조종할 수 있었을까?

오른편인 아들로 태어나지 못하고, 딸인 왼편으로 태어난 여자들은 죽으면 남편 무덤의 왼편에 묻히지 않던가. 여자는 남자의 보조자 내조자 등의 문화에서는, 여성인 나는 이래저래 왼켠이었다. 여자였기 망정이지, 내가 아들이나 남편이었다면 어떻게 아들 노릇, 남편 노릇을 해낼 수가 있었으랴. 상상만도 끔찍스럽다. 아무래도 나는 내가 살아오고 살고 있는 크고 작은 그 모든 조직사회에서, 그늘이고 뒷전이고 침묵이고 왼켠 등이었지. 빛 부신 양지였던 적 없고, 목청 높여 설득한 적 없고, 밀치고 빼앗거나 차지한 앞전이었던 적도 없었고, 앞으로도 그럴 생각 전혀 없으니, 앞으로도 마냥 편하고 고요롭고 적막하고 쓸쓸한 왼켠일 것이다. 그래서 차지해보지 못한 빛나는 자랑이 되는 오른쪽이, 늘 남겨진 탓으로 희망적일 수 있다면 괴변일까?

아기를 낳으면 허약한 아기와 산모에게 전염병이 옮겨질까봐, 예방의학적인 발상에서 양수(陽數)이자 길수(吉數)인 3·7일 즉 21일 동안 대문간에 금(禁)줄을 걸었는데, 그 금줄도 왼쪽으로 꼰 새끼줄이어야만 악귀가 길을 못 찾아 아기와 산모가 보호된다고 했다. 그 왼 방위가 얼마나 매력적인가. 이래저래 왼쪽은 종교적인 신과 죽음의 방위였다. 신은 언제나 인간보다 상위 존재이므로, 3정승에서도 좌의정이 우의정보다 높았다. 나는 물리적으로 상위가 싫지만, 심리적 콧대는 언제나 상위이다. 또한 인간의 좌뇌는 정서발달, 우뇌는 인지발달과 관련된다니, 시인으로서 좌뇌가 더 발달되기를 바라는 내가 어찌 왼손 왼켠이고 싶지 않으랴.

어떤 이유에서도 내 정체감은 왼켠이었다. 부차적이고 차선이고 보조가 고작인, 그래서 무시되고 서럽고 추운 그늘진 뒷전 골짜기, 역광이나 노리는 억압된 분노와 반항이 내면화된 나머지, 추구된 죽음과 신의 방위가 바로 나다. 왼손잡이가 부럽고 부러운…. 모신(母神)이었던 여조들의 후예, 나로서 당연하지 않는가. 마흔한 살짜리 왼손잡이가 되고 싶은 왼손! 폴 파이어아밴트는 모든 예술은 왼손에서 태어난다고, 그의 자서전 『시간 죽이기』에서 왼편을 두둔했지. 왼손, 왼편, 좌측통행, 좌골신경통, 왼손잡이…까지도 좋다. 스스로 생각해도 좌파는 아닌 것 같은데도, 왠지 어긋장이고 반골적이고 삐뚜름하고 삐닥한 각도에서 보고 듣고 생각하게 된다. 나, 정말 좌파 성향이라서 이럴까?

나병환자의 환부에 예수의 손이

『부자아빠 가난한 아빠』라는 책을 사온 아들에게, 우리가 왜 가난하냐, 부자일 필요가 있느냐고 나무랐지만, 저들을 제대로 돌보지도 못했으면서 부자도 못되지 않았느냐고 말하고 싶었을 아들의 의중을 짐작해 본 적도 있다. 부자 되고 싶은 생각 없을 바엔 가족 모두 행복하고 싶었을까 아들은. 결혼하겠다고 데려온 여자 친구는 직업이 없었다. 얼른 교육비와 능력이 아깝다는 생각에다, 취직 못하게 한다고 취직할 생각도 안 하고 결혼만 기다린 점도 그랬고, 가계를 혼자 책임질 아들도 안쓰러웠다. 어릴 적부터 아들은 직장 안 나가는 여자와 혼인

하겠다고는 했으니, 이런 용단을 내리기까지 엄마에 대한 불만이 쌓여온 모양이다.

어릴 적 친구에게 '우리 엄마 집에 있다', '나는 엄마하고 슈퍼 간다' 하고 자랑했을 때, 다 자란 아이들이 아무 말도 하려들지 않을 때, 소화가 잘 안 된다고 할 때… 특히 그랬다. 누구도 대신 못할 국가 사회적 대업을 이룩하지도 못하면서, 엄마가 필요할 때 애들 곁에 없었다는 죄책감이다. 내 논문, 내 시편이 우리 학계 우리 시단에 무슨 공헌을 했나 반문도 자주 했다. 덜 유능한 내가 더 유능한 누군가의 기회를 가로챈 것도 같고, 자아실현도 못하면서 모성 노릇만 제대로 못한 결과가 되고 만 것 같았다.

아기를 떼어놓고 공부하는 대학원생들과 논어(論語) 옹야장을 읽으면서, 공자가 나병 든 제자 백우(伯牛)를 찾아가 창 밖으로 손을 잡고 위로한 부분에서, 산상기도를 마친 예수가 내려오는 길에 나병환자의 환부에 손을 대고 고쳐주는 대목을 함께 토론하면서, 요즘 낯선 사람과의 악수 정도도 아닌, 나병환자의 뭉그러진 손을 잡거나 환부에 손을 댈 수 있다는 바로 그 점이, 공자의 인(仁)과 예수의 사랑이라고 했다. 두 성인 모두가 어머니의 사랑을 누리면서 자랐기 때문에 공자는, 아무리 제자이지만 거리낌 없이 나환자의 뭉그러진 손을 잡고, 예수는 낯선 나환자의 물집투성이의 환부를 만져줄 수 있었을 것이라는 가설을 세웠다.

사랑은 피부접촉(skinship)이라는 개념정의 위에 세워진 가설이었다. 부모와의 피부접촉을 누리며 자라는 아동은, 누리지 못하는 시설 아동들보다 습진 피부병 등이 적다고 보고 된다. 정서적 안정감, 자신감, 도와주기, 동정심 등의 친사회적 행동발달도 앞서고, 지적성취나 창의성 발달도 앞선 점수를 보인다는 연구보고가 쌓이고 있다. 6·25 전쟁 뒤에도 정신질환자 수가 의외로 적었다는 점을 외국의 정신의학계가 주목했는데, 그 원인은 한국인들이 가족의 등에 아기를 업고 체온을 나누며 키우고, 한방에 함께 자는 등의 이유를 들었다.

신성 로마의 황제 프레드릭 2세는 언어 자극을 실험했다. 고아를 두 집단으로 나누고, 두 집단의 고아 모두에게 먹이고 입히고 재우는 등 모든 것을 똑같이 해주되, 한 집단의 고아들에는 보모가 한마디도 못하게 했다. 그 결과 보모의 말을 못들은 고아들은 얼마 못 가서 다 죽었는데, 말(언어)은 쓰다듬어 주기 등 애정 표시의 피부접촉 행동과 동반되기 때문이라고 한다.

  부자 되기, 일억 만들기, 로또 등 황금숭배 그늘에서, 우리 청소년들이 사랑을 주고받는 연습도 못하며, 자폐 은둔 가학 자학에 방치되면 어쩌나. 꽃이 한껏 좋은 4월에, 우리 국가 사회 학교 가정의 꽃 우리 청소년들이 봄꽃만큼 아름답기를-. 덜 먹고, 입던 옷 꺼내 새옷처럼 기분 좋게 입고, 같은 집에 눌러 살며, 겉치레의 출세와 성공을 강 건너 불로 구경하며, 하고 싶은 제일에 몰두하며, 온가족이 따스하고 느긋하게 참 행복을 누리는 내 아들내외가 차리는 세상, 심신이 건강한 아들네 가족의 보금자리를 상상해 본다. 자꾸 즐겁다.

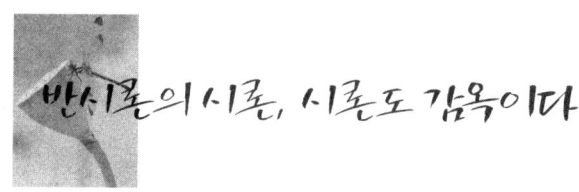
반시론의 시론, 시론도 감옥이다

어른의 아버지, 아이로 돌아가서

 시인 워즈워드는 아이는 어른의 아버지라고 했고, 화가 피카소는 만년의 작품 전시회장에 취재 온 기자가 꼭 아이들 그림 같다는 말에, 그렇다 아이가 되는데 80년이 걸렸다고 했다지. 나도 아이가 되려고 애쓴다.
 잔디밭에서 노는 아이는 바람에 날리는 빨랫줄의 옷가지와 하늘의 구름은 살아 있지만, 정원의 꽃나무는 죽은 것이라고 생각한다. 왜냐하면 움직이는 것은 생명 있는 것이나, 움직이지 않는 것은 죽은 것이라고 물활론적(物

活論的 : animistic)으로 사고하기 때문이다. 마야코프스키의 바지 입은 구름을 떠올리게 되는 이런 생각은 아이들의 전형적인 사고방식이다.

하루 한번씩 낮잠 자던 아이의 집에 외국인이 왔다. 아이는 자기 가족들과는 너무 다른 외국인의 생김새와 차림새에 흥분되어 낮잠 자는 걸 잊어버렸다. 손님이 가고 날이 어두워지는 것을 깨달은 아이는, 오후도 안 되었는데 날이 저무는 것에 겁을 먹었다. 낮잠을 자야만 오후가 오는 줄 알았기 때문이다. 또 잠자다가 깬 아이가 베개를 뒤집어 거인을 찾으며, 꿈에 본 거인을 엄마도 본 줄로 알고 묻기도 한다. 또 제 눈에만 안 보이면 세상에는 없어진 줄 알고, 얼굴만 숨기고 엉덩이를 내어 놓고 엎드려 숨는 아이들을 본다. 아이다운 자기중심적 사고(自己中心的 思考 : egocentric thinking)이다.

초콜릿을 훔쳐 먹은 아이가 천둥 벼락치고 폭우가 쏟아지자, 훔쳐 먹은 사실을 울며 고백하게 되는데, 동시에 일어나는 두 사건 간에는 인과관계(因果關係 : causality)가 있다고 믿기 때문이다.

50년을 함께 살아온 남편은, 가끔씩 혼자서 금고에서 뭔가를 꺼내어 얼굴을 묻고 냄새를 맡고 가슴에 껴안고 눈감은 채 감격에 젖곤 했다. 그래서 도대체 그게 무엇인지를 늘 확인해보고 싶었는데, 어느 날 우연히 남편의 금고가 열려 있는 것을 발견하고 열어보니, 상자 하나만 달랑 들어 있었고, 상자 속에는 너덜너덜 해어지고 때 절은 손수건 한 장만 담겨 있었다. 어이가 없어진 부인은 그 더럽고 낡은 손수건이 남편이 잊지 못할 옛 연인의 선물일 거라고 직감하고는, 그것을 버리고 예쁜 새 손수건을 사서 상자 속에 넣어두었다. 어느 날 혼자서 금고를 열어본 남편은 새파랗게 질려, 한입 가득 거품을 물고는 온몸을 부들부들 떨며 물었다. 부인은 따뜻하게 웃으면서, 손수건이 너무 낡고 더러워서 새것으로 바꿔 넣었다고 하자, 방아쇠를 당겨 부인을 죽이고 자신도 자살하고 말았다. 그 더럽고 다 해진 손수건은 60년 전에 자기를 고아원에 맡기던 엄마가, 30분 후에 과자를 사 가지고 꼭 돌아온다고 굳게 약속하며 눈물을 닦아준 바로 그 손수건이었기 때문이다. 지난 60년 간 남편에겐 반드시 돌아온다던 젊은 엄마를 기다리는 행복의 약속이 그 손수건이었고, 그에 대한 애착(愛着 : attachment)이 남편의 인생을 지속시켜온 힘일 수도 있었으니까.

누구나 인생 초기에 심리적으로 특별히 가깝고 따스한

가족이나 다정한 사람과 애착관계를 형성하게 되는데, 애착 대상인 그 사람이 사라지면, 그의 물건으로 대치되기 때문이다. 이를 각인(刻印 : imprinting)이라고 한 동물학자 로렌츠(Konrad Lorenz)는, 알에서 갓부화된 거위새끼는 처음 보는 움직이는 대상을 어미로 알고 졸졸 따라다니는 각인행동을 보이는데, 로렌츠를 처음 본 거위새끼들이 그를 어미로 알고 한 줄로 로렌츠의 뒤를 따라다니는 사진은 잘 알려져 있다. 거위의 이런 각인행동이 사람에게는 인생 초기에 자기에게 특별한 사람 또는 관련 물건과의 애착행동이라고 본 학자가 볼비(John Bowlby)였다.

자연 상태에서의 동물행동을 연구한 로렌츠는 까마귀를 키우는 친구 집을 방문하곤 했는데, 하루는 발정기에 든 까마귀가 친구와 얘기중인 로렌츠의 입 속에 지렁이를 넣으려 했다. 그가 입을 다물어버리자 귀속에다 지렁이를 넣어주려 했는데, 동물은 구애(求愛) 전에 구애 대상에게 좋아하는 것을 먹이고 싶어 하는데, 사람도 연인에게 맛있는 음식을 사주고 싶어지는 것과 같다고 한다. 로렌츠의 각인이론은 동물행동으로 인간행동을 설명하는 데 적용되어 왔다.

나는 늘 위와 같은 아이가 되고 싶다. 물활론적 사고나 자아 중심적 사고, 각인 또는 애착심리 등으로 시상(詩想)이 포착되는 것 같아서다. 시상은 전혀 무관한 이것과 저것을 상상력으로 연결시키는 연상이니까. 이른바 어른의 아버지(워즈워드)인 아이처럼 보고 느끼고 생각하며 모습을 먼저 보이고 마음은 그 뒤로 감추기로 말이다.

영성의 초현실은 허무의 다른 이름 다른 빛깔일지라도

촘스키는(Noam Chomsky)에 의하면, 인간은 고유한 자기언어를 습득하는 언어획득 장치(language acquisition device : LAD)를 사용하는데, 이는 우리 몸에 장기(臟器)처럼 존재하지 않는다고 했다. 몸 속 어디에도 인간의 언어 획득을 관장하는 장기도 부위도 없지만, 아기는 옹아리를 시작으로 모국어의 음소를 습득하면서, 한 단어에서 여러 단어의 복합변형으로 문법까지 언어를 생성하고 발달시켜 나간다고 했다.

마음(心)도 인간 몸 속 어디에도 장기나 기관으로서 존재하지 않지만, 인간에게 마음이란 것이 있다. 신의 존재도 우주 어디에도 가시적(可視的)으로 존재하지는 않는다. 닐 암스트롱이 처음으로 달에 착륙해서, 하느님의 세계는 너무나 아름답다고 했지만, 먼저 갔던 구 소련의 우주비행사 유리 가가린은 하느님은 없다, 어디에도 없었다고 했다고 한다. 신의 존재도 마음의 존재처럼, 언어획득 장치처럼 가시적이지 않아서, 어쩌면 우주의 마음이 곧 신일 거라고.

시인은 모두 신을 믿는다고 전제한다. 시상이란 보이는 것 너머의 보이지 않는 것을 보아내는 작업 아닌가. 일찍이 마틴 하이데거(Marin Heidegger)는 있는 것 너머에 있음이 있다고 했다. 보이는 것 너머의 안 보이는 것이 진짜이고, 보이는 것은 안 보이는 것의 그림자일 것이라는 전제에서, 모든 예술이 태어나는 것이라고.

시인은 시라는 들어갈 수 없는 너머의 땅을 언약받은 시의 사제인가? 보이는 너머에 존재하는 안 보이는 무엇의 탐구야말로 시인에게 주어진 사명 아닐까. 나는 늘 초월적 존재와 초현실 및 초자연적인 것을 믿고 싶다. 따라서 영성(靈性)에서 오는 영감도 믿는다. 나는 초현실이 참 현실이라고. 다만 가설(假說)로만 살고 있는 지금 여기라는 현실 너머에는, 반드시 초현실이 있고, 초자연적 영성이 준비해준 참 내가 제대로 살게 될 거라고. 여기에서 늘 훗날의 거기를 살아가는 기대와 상상이 시라고. 비록 훗날 거기의 그곳이 지금 여기의 이 허무의 다른 이름 다른 빛깔일지라도.

지난 30여 년 동안 학문으로서 우리의 여성 및 아동관련 민속에 빠졌던 까닭도, 학문하는 학도로서보다는 촌티를 못 벗어난 촌순이 시인이었기 때문이었다고 생각한다. 그러느라고 거꾸로 보고, 뒤집어 보고, 반대로 보고, 다르게 보고 쓰려고 애쓴다.

개체발생과 계통발생에서 단절된 돌연변이, 편마다 태초의 창세기이기를

음악도 마찬가지지만 그림도 작가 이름이나 제목은 안 보고 작품만 본다. 작가의 의도를 모르고 내 눈으로 보고 느낄 따름, 시도 마찬가지다. 이런 자유로움에서 인본주의 심리학자 아브라함 매슬로우(Abraham Maslow)에 전적으로 동의한다.

폴 파이어아벤트(Paul Feyerabent)는 자서전 『시간 죽이기』에서 모든 예술은 왼손에서 태어난다고 했다. 중심에 대비되는 주변, 다수에 대한 소수자가 왼손 왼편이다. 현실에서는 치유 불가능한 제 상처를 내 손이 약손일 도리밖에 없는 이들이, 제 혓바닥으로 제 상처를 핥아서 제 스스로 치료하는 행위가 시 쓰기라고. 시로서도 주목받지 못하니까 진정한 왼편이라고.

미적 대상의 분류에서, 아름다움과 추함 외에 숭고함의 범주를 제안한 칸트(Emanuel Kant)는 숭고함의 개념은 언어로 정의될 수 없다고 했다. 시련과 고통의 긴 세월을 거쳐서만이 나타날 수 있다고 했던가. 무엇이 삶보다 더 고통스러우랴. 살기 위해 스스로 죽어야 하고, 죽어야만 살 수 있는 시인의 모든 시는 그 시인의 자화상이니까.

안 먹으면 배고프고 먹으면 더욱 배고파진다는 아귀의 역설을, 단테(Alighieri Dante)의 『신곡』 중 「지옥편」에서 읽은 적 있다. 시마(詩魔)의 역설(逆說)로 바꾸면, 안 쓰면 허기(虛飢)지고 쓰면 더욱 허기진다는, 쓸수록 원하는 바에 못미처 목마름과 허기만 가중되어서, 더욱 배고파져서 쓰고 또 쓰게 되게 되니까.

다 아는 소리를 또 했다. 이미지든 무의미든 앵포르멜이든 해체든…. 모두는 나완 상관없다는 반시론(反詩論)을 시론으로 삼아 자유롭다. 어떤 시론에도 갇히지 않아, 편마다 최적 최선(最適 最善)의 유일무이(唯一無二)이기를, 편편이 개체발생(個體發生)과 계통발생(系統發生)에서 절연된 태초의 창세기(創世記)이기를, 하늘에서 떨어지고 땅속에서 솟아난 돌연변이 신종(突然變異 新種)이기를, 비록 태초의 혼돈에 불과할지라도 태초의 아담이기를, 따라서 어떤 타성(惰性)도 싹틀 수 없게, 접신(接神)을 위해, 처음 보는 낯설고 엉뚱한 것이 태어나도록, 안다는 것들을 다 지우기 위해, 모든 실험을 다 해본 결과가, 한 기슭에 만발한 온갖 야생 꽃밭이 한 권의 시집이기를. 물론 영원히 불가능하겠지만, 그런 예측 불가능한 미정(未定)의 미지(未知)의 「beyond here and now」가 지향일 따름이다.

퇴직하고 나니 전공도 잊어버렸나 하며, 평생 발달심리학(developmental psychology)을 공부했는데도 절창 한편 왜 못 써? 이런 비난이여! 우박처럼 쏟아지고 불벼락으로 덮치기를.

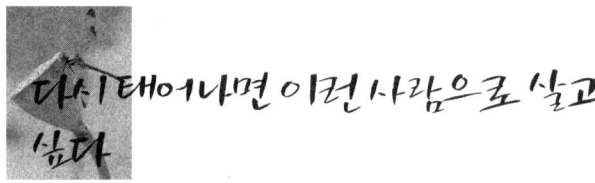
다시 태어나면 이런 사람으로 살고 싶다

아직 화가 나고 있는 중이에요

부설 어린이집에 들렀을 때는 오후 3시경이었다. 유아들이 오후 간식을 먹는 시간이었다. 복도에는 간식을 먹으러 가려는 3세반 유아들이 선생님을 따라 줄을 서고 있었다. 그런데, 한 유아는 줄서는 반대편 복도 벽에 혼자 기대앉아 있었다. 나는 다가가서 말했다.

"간식 먹으러 가야지. 선생님과 친구들이 기다리잖아."

내 말에 그 유아는 복도의 벽에 기대앉은 채 이렇게 대답했다.

"나 지금 화났어요."라고. 그 말에 나는 달랬다.

"그래 화났으면 됐으니, 얼른 간식 먹으러 가야지. 응?"

그러자 그 유아는 여전히 벽에 기대앉은 채 항의조로 이렇게 말하지 않는가.

"아직 화나고 있는 중이에요"라고.

그 날 이후 세살배기 그 유아의 말이 자주 떠올라 혼자서도 웃곤 한다. 얼마나 기특한가! 그 나이의 유아들은 흔히 화났다는 표현 대신에 삐쳤다거나 성질났다고도 할 수 있는데-. 더구나 '아직 화가 나고 있는 중' 이라는 표현에는 놀라지 않을 수 없었으니, 어른도 그렇게 정확히 말하지는 않지 않는가.

더욱 기특한 것은 화가 났을 때, 제 감정을 다른 아이에게 덮씌워 지분거리며 시비 걸지도 않고, 혼자서 제 감정을 다스리느라고, 말없이 복도의 벽에 기대앉아서 조용히 화를 삭혀내며 성질을 갈앉히는 모습은 어른들이 배워야 할 바가 아닌가 말이다.

아마도 그의 부모가 그렇게 가르쳤으리라. 화가 나더라도 다른 사람에게 화풀이를 하지 말고, 조용히 갈앉히는 혼자만의 시간을 가지라고. 이쯤 되면 3세 유아에게서 30세 이상의 어른들이 배워야 하지 않겠는가.

울컥불컥 때 없이 치솟는 자기 성질을 못 이겨, 아무나 붙잡고 시비를 걸어오는 어른들을 직장에서나 가정에서 또는 음식점이나 길거리 등 어디에서도 만나게 되는데, 이런 유아들이 자라 어른이 되는 훗날은 멋진 사회가 될 것 같아, 혼자서도 저절로 미소가 가득해지곤 한다. 아아 나도 다시 태어나 그 유아처럼 자랐으면-.

나의 안과의사는 나의 학생

서경의라는 남학생이 있었다. 몇 년째나 학업성적이 매우 좋았지만 한번도 장학금을 신청하지 않았다. 게다가 아침 일찍 등교하여 학생들이 모여 함부로 어질러 놓은 과방을 깨끗이 청소하기를 몇 년이나 계속했다. 서경의보다 훨씬 낮은 성적의 학생들도 이런 저런 이유로 장학금을 받곤 했으니, 장학금의 본래 목적에 비춘다면 꼭 받아야 할 학생이었다.

다른 교수들도 내 의견에 동의하며 서경의를 칭찬했

다. 그렇게 학과교수들의 의견일치로 그에게 장학금을 주기로 하고 조교에게 통보하도록 했다. 그러나 다음날 아침 서경의는 장학금을 반려한다고 알려왔다. 이유는 이러했다.

집에 가서 장학금을 받게 되었다고 말씀드렸더니, 변두리 교회의 목사이신 아버님께서 크게 꾸중을 하셨단다. 한번도 등록금을 지체하여 준 적도 없고 등록금을 못 낼 가정형편도 아닌데, 너 같은 형편에서 장학금을 받으면 가난한 학생은 어떻게 대학을 다니겠느냐시며, 당장 반려하라고 하셨단다. 그의 말을 전해 듣고 다시 회의하여 다른 학생에게 그 장학금을 돌려야 했다.

그 일 후 서경의는 내게서 배우는 학생이 아니라 나를 가르친 나의 선생이었다. 아니 그는 내 맹목의 신앙을 눈 띄워 준 나의 안과의사였다. 나는 대학 다닐 때 장학금을 받아 스커트를 사 입은 일이 생각나서 너무나 부끄러웠다. 다시 태어나면 서경의처럼 내 몫의 장학금을 반려하는 젊은이로 성장하고 싶다. 참으로 그 아버지에 그 아들이었다. 웬만하면 아버지가 반려하라셔도 몰래 받아 쓸 수도 있었을 텐데-. 대학생의 용돈이야 많을수록 좋지 않던가. 내 신앙의 안과의사 그는 멋진 직장인으로 일하고 있을 것이다.

어리석고 엉뚱한 현자로

아랍의 현자 나스레딘 호자의 이야기 중에서 뽑아봤다. 한밤중에 나스레딘의 집에 도둑이 들었다. 도둑의 소리에 잠이 깼으나 살그머니 눈만 떠보니, 도둑은 그의 집의 물건들을 자루에 담아 도망쳤다. 도둑이 방을 나가자 그는 일어나서 이부자리를 어깨에 메고 도둑의 뒤를 따라가 도둑의 집에 당도했다. 도둑은 등 뒤에 서 있는 나스레딘을 보자 기겁을 하고는, 왜 뒤따라왔느냐고 물었다. 나스레딘은 태연하게 대답했다.

'난 우리가 당신 집으로 이사하는 줄 알고 따라왔지요'라고. 그렇게 해서 그는 자기 물건을 다 찾아서 돌아왔단다.

아주 늦은 밤, 가로등 아래서 뱅뱅 돌고 있는 나스레딘에게 지나가던 이웃 남자가 물었다. 나스레딘은 잃어버린 집 열쇠를 찾는 중이라고 하자, 이웃 남자는 함께 찾아보았지만 찾을 수가 없었다. 그래서 이웃 남자는 분명 여기서 열쇠를 잊어버렸느냐고 묻자, 나스레딘은 저쪽 골목에서 잃어버렸다고 대답했다. 기가 막힌 이웃 남자는 그런데 왜 여기서 찾느냐고 하니, 저기는 캄캄하고 여기는 불빛이 밝기 때문이라고 대답했단다.

  이렇게 어리석고 엉뚱한 나스레딘은 아랍권의 호자 즉 선생이며 현자로 전해지고 있다. 다시 태어나면 부설 어린이집의 3세 유아에서, 대학생 서경의로 자라서, 현자 나스레딘같이 살아보고 싶다. 정말이지 정말 정말로.

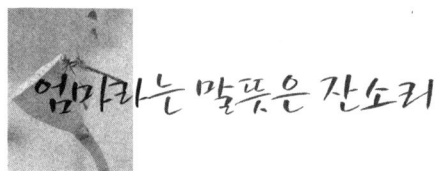

엄마라는 말풍은 잔소리

사랑하는 딸 문정(紋廷)아! 이렇게 편지를 쓰려니 쑥스럽구나. 더구나 공개적이라 더 그렇지만. 늘 한 집에 함께 살며 할말 늘 주고받는데 무슨 편지냐고 너도 계면쩍어할 테니 주책 부렸다 싶기도 해. 그러나 외출이나 여행 때 남겼던 메모와는 다른 얘기를 하고 싶어. 물론 네가 싫어하는 또 잔소리가 될까 걱정도 되지만….

나는 내 엄마, 너의 외할머니로부터 긴 편지를 자주 받으며 컸지. 눈감으면 코 베인다는 서울로 어린 딸을 혼자 보낸 어머니는 자나깨나 걱정이셨지. 그땐 하숙집이나 자취집에 전화가 없기도 했고, 있어도 장거리 전화요

금에다 주인댁에 미안해서 쉽게 전화하실 수도 없었기 때문이지만, 외할머니는 내게 편지 쓰시는 즐거움을 더 누리셨던 것 같았지. '아해야 보아라!' 이렇게 시작되는 편지는 늘 그 말씀이 그 말씀이었지만, 어머니의 사랑이 깊이대로 전해져, 편지 받은 며칠은 마음이 든든해졌지. 끼니 거르지 말고, 생일날 국수 사 먹고, 기도 열심히 하고, 차 조심, 길 조심, 남학생 조심 등등이었지만, 어머니의 기도 힘이 전해지곤 하여, 엄마란 자식 위해 기도하는 사람이란 걸 그때 알았지. 내가 엄마가 되어보니, 역시 엄마라는 말의 진정한 의미가 기도이구나 싶어. 네 오빠와 너를 낳았을 때 참으로 신이 계신다고 확신하게 되었고, 너무 감격스럽고 너무 기뻐서 신께 무릎을 꿇고 감사 할 수밖에 없었고, 너무 여린 너희들은 신이 키워주셔야 제대로 자란다는 믿음뿐이었지. 특히 감기를 앓거나 시험공부를 할 때는 세상 모든 엄마들과 마찬가지로 말이야.

　기쁨아! 우리가 널 기쁨이라고 부르는 것도 바로 이런 감격체험에서이지. 무엇보다도 너는 덤으로 자라주었지. "엄마, 몇 학년이야?" 라고 재롱을 피웠고 "엄마 오늘 학교 안 가?" 라고 물어 그렇다고 하면, 옆집에 가서

"우리 엄마 오늘 학교 안 간다!", "나는 엄마하고 슈퍼 간다!"고 자랑할 때마다 정말 미안했지. 네가 유치원과 학교의 어머니회가 있을 때마다 선생님께 미리 "우리엄마 못 와요"라고 하고, 비 오는 날 다른 엄마들처럼 내가 우산을 갖고 못 갈 줄을 알고, 선생님이 물으면 "울 엄마 못 와요"라고 했다는 말을 전해들을 때마다 얼마나 미안했던지. 아직도 미안해. 영원히 미안해질 거야.

이젠 다 자라서 작업하러 학교 가는 너를 보면 정말 행복해져. 작품에 쓸까 하여 헌 물건을 모아둬서 집안이 어지러워 잔소리하지만, 심지어는 헌 상자도 안 버리고 다시 쓰는 게 속으로는 고마우면서도 왜 늘 안 버린다고 야단치게 되는지 몰라. 빵이나 과자나 라면을 먹을 때나, 식탁에서도 골고루 안 먹는다고, 네가 좋아하는 걸 만들었는데 배부르다면 나도 모르게 잔소리하게 되지. 엄마라는 말뜻이 잔소리여서 그런가봐. 운전 조심, 차 조심, 늦게 다니지 말고 제대로 먹고 작업하라 등등. 네 친구가 결혼한다고 들으면 네게도 사랑하는 사람이 생겨야 할 텐데. 그럼에도 그림과 결혼이 다 중요한데 그 둘이 서로 방해될까봐, 아직 사귀는 사람이 없는 게 다행스럽다가도 인생이 더 소중한데, 네 안목을 믿으니,

좋아하는 사람이 생기면 얼른 알려줘. 네가 행복하면 우린 무조건 행복할 테니까. 아기 적에 식탁에 기어올라가 총각김치를 보고 '바나나 김치 먹자!' 던 네가 시인이 될 줄 알았는데, 그림으로 고민하는 너를 볼 때마다 시로 괴로워하는 내가 창작의 고통을 왜 몰라. 작품도 인생의 깊이와 성숙도와 함께 되는 거니까 너무 조급해하지마.

늘 너를 믿어. 작품 하는 너의 재능과 열정…. 모두를. 넌 겨우 네 살 때도 윗집 아기를 봐준다고 그 집 아줌마가 너를 베이비시터라고 고마워할 때는 정말 놀랐으니까. 네 살짜리가 동네 언니들 사귀어 피아노, 붓글씨 배우는 곳을 찾아내어 할머니의 짐을 덜어드리곤 했지. 내가 못해주는 것 모두를 어린 너 스스로 하며 자랐으니, 앞으로의 작품도 잘 해낼 거야. 예고 적에 너무 칭찬받아서 그때만큼 못할까봐 겁내지 마. 일찍 잘되는 게 좋은 것만은 아니야. 너는 속이 깊어서 학교에서 그렇게 칭찬을 받았어도 자랑 한번 안 했지. 남들에게 듣고서야 네게 확인하면 무척 부담스러워했던 너의 신중함을 믿어왔어.

네 마음대로 실험하고 마음껏 탐구하도록 내가 도움도 못되어 미안하지. 오히려 네가 읽어보라는 네 전공교재들이 내게 도움이 되었는데, 특히 네가 준 아케이드 프로젝트는 무척 도움이 되었어. 네 미술잡지도 내 시에는 도움 되지. 네 작업실을 보고 싶지만 못 오게 하는 뜻을 잘 알아. 그러나 네 전공이 내 창작에 도움 되는 것처럼, 나의 시도 네 그림에 도움이 될 것 같은데, 너는 엄마 작품은 물론 시집들을 안 읽어서 불만이야. 매체만 다를 뿐 시도 그림도 같은 예술인데, 전혀 엉뚱한 사물이나 사건들을 의미 있게 연결시키는 상상력을 서로 자극해줄 텐데. 시집 좀 읽으라면 또 잔소리라 하겠지만, 또 내가 안 보는 데서는 읽는지도 모르지만. 우리 둘 다 보이는 것들 너머의 안 보이는 세계를 보아내어, 너는 그림으로 나는 시로 독특한 새 세계를 창조하는 작업이니까, 얘기를 나누면 분명 도움될 거야. 물론 안 보이는 세계를, 더구나 자기만의 눈으로 독특하게 보아내고 독특하게 그려내고 써낸다는 것이 얼마나 어려운가마는, 난 네가 내 작품을 읽고 촌평도 해주면 고맙겠어. 나 같은 문외한의 언급도 네 작품에 도움 될 것 같고. 그림과 시는 인접 예술이고, 화풍(畵風)과 시사(詩史)는 줄곧 함께 해왔지. 아직도 시인-화가들의 시화전도 있으니까.

  쓰고 보니 늘 하던 잔소리가 되었지만, 깊이 있는 얘기

가끔 나누자. 이번 학기 휴학이 네 작업에 더 도움 되길 빌어. 네가 다림질이나 설거지 등 집안일을 해 놓을 때마다 '내 딸이 내 손'이란 옛말처럼 고맙지만, 자주 안 해도 괜찮아. 가뜩이나 작업하느라 힘들 텐데. 네 손이 거칠어질까 봐 그래. 작품이 안 될 때는 엉뚱한 것을 해 봐. 나도 그런 때 딴 일을 하지. 기도하는 사람과 잔소리의 뜻을 가진 엄마가 사랑하는 딸에게 처음으로 썼다, 뻔한 얘기 또 했지? 한번 읽고 웃어버려!

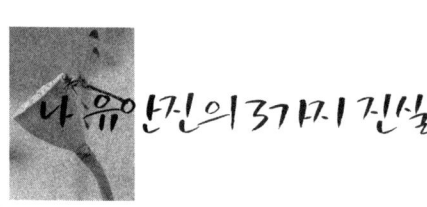

나 유안진의 3가지 진실

　시인 유안진! 너에게 할말은 너무 많지만 3가지만 꼭 하고 싶어. 먼저, 너는 네 어머니를 너무 팔았어. 아이 적엔 친구 사귀느라, 학교에서 지각이나 조퇴를 원할 때, 숙제 못한 핑계 등 네가 곤란할 땐 늘 어머니를 팔곤 했지. 돌아가시자 제삿날까지 팔아 글을 쓰곤 했어. 그러다 좀 죄송스러웠는지, 어머니 대신 너 자신을 팔기 시작했지. 못된 성깔과 눈물과 질병까지도 팔아 글을 썼어. 이젠 그만 팔았으면 좋겠어.
　다음은 난생 처음 네 자신에게 정직해지고 있다고 칭찬해주고 싶어. 넌 늘 세상과 타인들을 원망하며 피해자라고 불행스러워했지. 네 불행은 늘 세상과 타인들 탓이었어. 마치 너는 세상과 타인들에겐 아무 상처도 피해도 안 주며 사는데, 세상과 타인들이 너를 희생양 삼는다고, 마치 세상과 타인들이 너 하나 망쳐주느라 정신없어 하는 듯이, 네 잘못됨은 세상 탓이며, 세상과 타협하며 세상을 더 망치며 잘 사는 타인들의 책임이라고. 그런데, 그런데 지난 5월부터 네가 공들여 키운 그들에게 톡톡히 배신을 당했지. 고통과 증오를 참아낼 수도 보복할 능력도 없음을 알게 되자, 신(神)에게 달려갔지. 네겐 복수할 힘도 없고 다른 도리가 없었으니까. 지난 7개월 동안 네 편할 때 달려가 하소연하면서 증오를 쏟아냈지만, 그로 하여 너 자신을 바로 알게 되었지.

  너 유안진에게는 타인도 세상도 아닌 너 하나가 너무 크고 무거웠어. 이때껏 너는 너만을 보며 살아왔어. 네가 아무리 공을 들였다 해도 너를 위해 공들였지, 그들을 위해 공들인 게 아니었잖아. 그들이 비록 네 덕으로 오늘 거기에 이르렀다 해도, 그들에게 너는 너 자신만큼 중요하지 않아. 그들은 분명 타인이며 그들 자신을 너보다 더 사랑한 타인들이며, 그들에게서 너는 더 이상 이용 가치가 없는 무용지물임을 네가 이제 겨우 알게 된

거야. 너에게는 네가 가장 크고 무겁듯이, 그들에게도 그들이 가장 크고 무거울 뿐이야. 신은 너에게 너의 실상을 정직하게 일러주셨어.

'너 자신부터 줄여. 가장 가볍고 가장 작고 가장 낮은 존재로', 세상과 타인들에게는 너 유안진은 아무것도 아니야. 너한테만 너무 크고 너무 무거웠어. 세상과 타인들에게는 무존재인 유안진이 너한테만 너무 소중했어. 네 안에서 크고 무거울수록 세상과 타인들에게는 더욱 작고 가벼워질 수밖에 없어. 유안진! 너의 고통과 불행은 모두 유안진 자신 때문이고, 너를 망쳐준 것도 너 자신이고, 세상은 너의 불행과 고통에 아무 죄가 없어.

마지막은 신(神)이 네 눈에 안 보이고 네 귀에 안 들리는 존재임이 얼마나 다행인가를. 네가 하느님! 하고 불렀을 때, 오냐 말해 봐! 라고 보이는 모습과 들리는 음성으로 나타난다면, 넌 절대로 네 진실을 고백할 수가 없었을 테니까. 안 보이고 안 들리는, 바로 그 존재와 평생 친하게 살아. 그가 너를 가장 너답게 키우실 테니까.

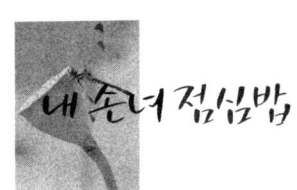

내 손녀 점심밥

 중학교 때였다. 수업 중이었고 선생님은 칠판에 판서 중이고, 나는 선생님이 칠판에 쓰신 것을 공책에 열심히 옮겨 쓰고 있는데, 옆에 앉은 짝이 내 옆구리를 쿡 찔렀다. 돌아보니, 복도 쪽을 보라고 했다. 고개가 자동적으로 복도 쪽으로 돌아가자, 나는 온몸이 굳어 망부석이 되는 것을 느꼈다.

 바로 그 순간 앞문이 좌르르 열렸고, 문 열리는 소리에 선생님이 고개를 돌리셨다.

 "어르신! 어떻게 오셨~~~~~?"는 말이 들렸던 것 같았고, 이어지는 할아버지의 음성은

"수고하시오. 내 손녀가 아참밥을 안 먹고~, 할애비가 손녀 배고플까봐~~~"

나는 정말 미치고 환장할 것 같아, 고개를 폭 숙이고 책상 위에 엎드려버렸다.

"왜 아침밥 안 먹고 다녀서, 할아버지 고생시켜드려?!"

선생님은 엎드린 내 책상 위에 도시락을 놓고 돌아서셨다. 아이들은 킬킬거리고 수군거렸다고 기억된다.

나는 그날 할아버지가 가져다주신 도시락을 어떻게 먹었는지 생각나지 않지만, 선생님은 가르치는 과목과는 상관없이 부모님, 조상님들의 사랑에 대해서 말씀하셨고, 나는 집에 가서 엄마한데 한바탕을 했다. 너무너무 부끄러웠던 것이다. 할아버지의 갓 쓴 헤어스타일에 한복 두루마기를 입은 촌티와 촌스런 사투리 모두가 너무너무 부끄러웠기 때문이다.

할아버지가 내 망신 팍삭 시켰다고 앙탈을 부렸다.

"그라이 아참밥을 먹고 댕기그라, 안 그라면 내 또 간데이"라고 하시며 할아버지가 웃으셨다.

그날 이후 나는 촌티가 줄줄 흐르는 우리 할아버지가 또다시 내 도시락을 들고 교실로 찾아오실까봐 아침밥을 꼭 먹고 다녔다.

초등학교를 마치고 도시로 나온 나는 촌티가 줄줄 흐르는 우리 식구들이 너무 부끄러웠다. 요즘 들어보면 그리 색다르지 않는데, 그땐 왜 그리 이상한 사투리였는지, 우리 식구들은 너무도 부끄러운 경상도 사투리에다 겉모양부터가 너무 촌스러웠다. 나는 충청도 말을 흉내내려고 잠자리에서도 속으로 연습을 했다. 그래서 어지간히 극복해가는 중이었지만, 우리 식구들은 사투리를 바꾸려는 노력을 전혀 하지 않았다. 아니 바꾸려하기는 커녕, 오히려 사투리를 더 크게 사용하는 것처럼 보였다. 특히 할아버지는 경상도 사투리를 그대로 말씀하심으로써, 도시에 몰려 사는 8도 모산잡이들(할아버지는 늘 도시인들이 8도에서 모여와 상스러운 언행으로 산다고 그렇게 불렀다)과는 다르다는 것을 증명하려고 하시는 듯했다.

촌사람이 도시인으로 적응해 가는 과정에서 가장 심하게 부딪쳐야 했던 것이 사투리였다. 이웃사람들과 수시로 나누어야 하는 대화에서 사투리는 의외의 오해를 야기 시키기도 했으니, 드디어 참고 참으셨던 할아버지의 오해가 폭발한 것이다.

"당신들 날 원제 봤따꼬 왜 반말질이시오?"

할아버지는 "하시유, 그랬시유" 같은 충청도 사투리를 반말로 오해하신 것이다. 우리보다 먼저 충청도 사람이 된 외조부님은 사돈인 할아버지한테 반말이 아니고 충청도 사투리가 그런 거라고 설득했지만, 그동안 쌓여온 불만이 작은 꼬투리로 터진 것이었다고 한다. 아마도 두 사돈 어르신께서 함께 어딜 가시다가 생긴 일이었는지, 집에 돌아오신 두 분은 여전히 언쟁을 계속하셨다. 공대말로 "~요, ~니까, ~까요" 등으로 말해야 공대말이지, 끝말을 "유우, 시유"로 하는 것은 분명히 반말이라고 우기셨다.

시골에 살 때는 밤중에 할아버지가 통소를 부시거나 시조창을 하셔도 시끄럽다고 여긴 적이 없었다. 그랬는데, 밤중에 잠이 깨신 할아버지께서 시골에서처럼 통소를 부시거나 시조창을(우리는 할아버지의 창가라고 했다) 하시었는데, 추녀 끝을 잇대어 살고 있는 이웃집들이 며칠을 참다가 모여서 우리 집으로 항의하러 들이닥친 것이다. 어떻게 감히 할아버지의 시조창을 밤잠 방해로 매도하는지, 우리는 놀라고 어이없어 했다.

또 할아버지가 사철 쓰고 다니시는 탕건과 갓을 이웃 사람들이 희롱한 것이었다.

"할부지! 이 더운 여름에 왜 모자까지 쓰고 다니시유?"

"할부지! 이 더운 여름에 왜 두루마기까지 입고 다니유?"

할아버지는 당신을 할부지라고 부르는 것조차도 조롱으로 여기셨으니, 얼마나 진노하셨겠나 말이다.

또 "할부지! 이 추운 겨울에 왜 그런 망모자(갓)를 쓰시여? 이런 털모자나 쓰실 일이지?"라고 피난 나왔다는 분이 겨울철에 희롱했다는 것이다.

할아버지는 고향 안동에서의 풍습 그대로 여름철에도 여름 옷 위에 꼬박 모시 두루마기를 입고 갓을 쓰시어야 대문을 나서셨다. 일컬어 의관을 정제하시어야 대문을 나설 줄 아는 시골 풍속을, 피난 나온 이웃들이 이해할 수가 없었던 것이다.

게다가 엄마까지 비녀로 반듯하게 쪽진 머리로 다니셨으니, 생판 모르는 누구라도 금방 알아볼 수 있는 촌티가 아니었나. 더구나 할아버지와 엄마는 매우 사이가 좋은 고부간이셨는데, 쪽진 머리의 엄마가 갓 쓴 할아버지와, 역시 갓 쓰고 두루마기 차림의 외할아버지까지 뫼시고 나가시면, 길에서 놀던 아이들이나, 길 가던 사람들도 걸음을 멈추고 구경하곤 했으니, 나는 절대로 이 어른들과 함께는 외출하지 않으려고 온갖 핑계를 둘러대곤 했다.

　우리는 그렇게 조금도 시골티를 감추거나 고치려들긴커녕, 오히려 8도 모산잡이들인 도시인들과 차별을 나타내기 위해서, 언어도 의상도 헤어패션도 고집했으니, 철없던 나의 수치심이 오죽했겠는가. 지금 생각하면 뭐 그리 부끄러울 일도 아니었지만, 다양성이 존중되기는커녕, 미개인 원시인들로 치부되던 시대의 어린 나는 친구들을 집으로 데려간 적이 없다.

　그렇게도 남세스럽던 할아버지의 패션이 지금은 무척 그립다. 돌아가신 지 오래다. 내 아이들은 나처럼 조부 슬하에서 자라지 못했다. 내가 얼마나 복이 많았는가를 새삼 느껴본다.

인연 나의 학문과 일연 대선사의 태몽과

우리 한국인은 오랜 불교문화 전통에서 살아온 탓인지, 자기에게 의미가 있다 싶으면 인연(因緣)부터 생각하게 되는 것 같다. 나도 예외가 아니어서, 신봉하는 종교와는 달리 무시로 인연에 대해 생각하게 된다.

며칠 전 경북 현풍 근처의 유가사에서, 고려 초기의 보각국사 일연(一然) 대선사의 시비(詩碑) 제막식이 있었다. 그 행사에 가면서 800년 전의 일연 대선사와 무슨 인연이 있어, 많은 시인들 중에 불교와는 무관한 내가 대선사의 시를 낭송하게 되었는가를 생각하게 되었다.

달빛 밟고 서로 오가는 길 구름 어린 샘물에 노닐던

두 성사(聖師)의 풍류는 몇 백년이나 흘렀던가

안개 자욱한 골짜기엔 고목만이 남아 있어

뉘였다 일어나는 찬 나무 그림자, 아직도 서로 맞이하는 듯.

위의 것은 「찬 포산 이성관기 도성」이고 나중은 「찬 반사 첩사 이성사 지유미」인데, 뒷것을 낭송하게 되어 미리 읽고 읽어 낭송을 연습했다.

산나물 풀뿌리로 배를 채우고

나뭇잎 옷으로 몸을 가리우고

누에 치고 베짜지 않았네

찬 솔 나무 돌너덜에 소슬바람 불어

해 저문 숲에는 나무꾼도 돌아가고

깊은 밤 달 아래 앉아 선정(禪定)에 들어

이윽고 부는 바람 따라 반쯤 날았도다

해진 삿자리에 가로 누워 잠이 들어도

꿈속에서라도 혼은 속세에 이르지 않았나니

구름이 놀다 간 두 암자 터에

산 사슴 마구 뛰놀고 인적은 드물구나.

경북대 문경현 교수의 번역이다. 고려 충렬왕 때 보각국사 일연이 지은 포산이성(包山二聖)조에 관기 도성 반사 첩사를 찬양하는 이 두 작품은, 보각국사 일연 선사의 시 중에서도 압권인 천고의 절조라고 평가된다. 신라시대 포산은 지금의 비슬산이고 남영에는 관기가, 북암혈에는 도성이 수도하며 서로 내왕하던 중, 도성이 관기를 맞이할 때는 산중의 나무가 모두 남쪽을 향해 눕고, 관기가 도성을 맞을 때는 북향하여 뉘어 맞았다고 전한다. 반사 첩사 또한 속세와 인연을 끊고 초근목피로 암혈에서 수도하던 중, 달 밝은 밤 바위에 앉아 선정에 들어 바람 따라 날았다는 보각국사의 성시(聖詩)이다.

바로 35년 전이었다. 햇무리가 치마폭에 안겨드는 꿈을 꾸고 일연을 낳았다는 태몽(胎夢)얘기를 들었다. 이것이 내가 본격적으로 한국전통아동학 연구를 착수한 시발점이었다. 미국 유학에서 돌아오면서, 서양 학문의 전달자에 그쳐서는 안 되고, 학자로서 자신의 학문 영토를 개척해야 한다는 강박증으로 고민하느라, 학위받은 기쁨보다는 앞으로의 '내 학문'에 대한 고민이 앞섰던 그때, 전해들은 보각국사 일연 큰스님의 태몽얘기는 경부고속도로보다 더 넓고 원대한 나만의 학문의 길을 열어주는 듯했다.

그렇다. 국비로 유학했으니 우리 것으로 보답해야 한다. 유학 중 가끔씩 아이디어가 딸리면 세 살 버릇 여든까지, 고운 세 살과 미운 일곱 살, 천자문 등의 것으로 숙제를 해서 칭찬받았던 때를 생각했고, 출신이 촌순이라서 그런지 몰라도, 진정으로 하고 싶었던 우리의 전통 유아교육 즉 포괄적인 전통 아동학에 대한 자신감이 되살아났다. 나는 즉시 태몽 자료수집에 돌입할 수 있었다.

누구나 암기하여 시험도 쳤던바, 김부식의 『삼국사기』와 일연 대선사의 『삼국유사』가 생각나서, 서울 시내의 거의 모든 서점을 이 잡듯 하여 『삼국유사』를 구했다. 이후 『삼국유사』에는 우리 민족의 발생 신화 즉 고대 여러 나라의 시조 발생설화에서 난생설화까지, 거의 모든 자료가 담겨 있어서, 내 연구에는 바이블처럼 소중한 자료를 제공해 주었다. 어디 학문에서 뿐인가. 문학에서도 얼마나 큰 도움을 받았던가.

그렇게 보낸 『삼국유사』와의 인연으로, 지난해는 대구 근처의 인각사에서 거의 마모된 일연국사의 비문과 만

날 수가 있었고, 거기서도 시를 낭송했던 감개무량한 기억이 되살아났다.

평소 나는 늘 일연 큰스님이 아니 계셨더라면, 보각국사께서 『삼국유사』를 아니 쓰셨더라면, 우리 한민족은 얼마나 초라하고 보잘것없는, 거대 중국의 한 변방의 오랑캐에 불과했겠는가 라고 고마워했었다. 그러니 일연 대선사와 관련되는 행사라면 백사를 제쳐 놓고라도 빠질 수가 없었다.

『삼국유사』의 집필 동기가 고려 충렬왕조였으니, 오랜 몽고의 난에 시달려 국력은 소진되었고, 왕권이나 백성의 삶은 피폐할 대로 피폐되어, 미래의 전망까지 내다볼 수 없이 캄캄했던 절망의 시대였다고 한다. 바로 그때 우리 민족의 정체성을 확립하는 것이 필요했다. 그러기 위해서는 민족적 자긍심과 상실된 생존의지를 되살리는 것이 무엇보다도 급선무라고 깨달은 일연 큰스님은, 자당(慈堂)의 병환을 구완하신다는 구실로 고향이 있는 지금의 유가사로 낙향하시어 『삼국유사』를 집필하시었다 한다. 얼마나 높고 깊고 먼 혜안과 선각적인 노력과 헌신이었는가. 적어도 글이라고 쓴다면 『삼국유사』와 같은 글을 써야 한다는 것이 지난 30여 년 동안 한번도 잊어진

적 없었지.

『삼국유사』는 내용의 다채로움과 다양함만이 아니라, 기술에서도 무척 객관적이었다는 점이 보각국사의 지혜가 아닐 수 없었다. 국사 자신의 생각이나 의견은 완전 배제되고 전해지는 내용만을 담고 있어, 오늘의 학문하는 태도나 기술방식에서도 단연 최고의 모범이라 할 것이다.

바로 일연 대선사의 『삼국유사』가 있어서, 더러 몇몇 족벌의 자존심을 건드렸다는 항의와 마주치는 어려움에도 불구하고, 연구비다운 연구비 한번 제대로 받아본 적 없으면서도, 무엇에 홀린 듯이, 남모르는 희열과 보람에 흥분되고 미쳐서, 30여 년이라는 내 생애의 한창 시기를 송두리째 우리 한국의 '전통사회 육아방식'과 '한국전통사회의 유아교육' 연구에 바칠 수 있었다. 부족한 대로 마무리할 수가 있었으니, 오로지 일연 대선사의 신명이 씌웠던 건 아니었을까? 물론 『삼국유사』의 발바닥에도 못 미칠 연구결과였지만, 나 홀로 느낀 보람과 연구로서는, 내 연구가 이 분야의 것으로는 가장 최초의 것이어서, 짚신이니 엽전이니 코리언타임이니 하고, 우리 자신을 스스로 조소하고 경멸하던 1970년대 중반 이후, 나는 우리 것의 가치 발견과 체계화에 미쳐서 황홀하게 몰두할 수 있었다. 그것도 아이 키우고 가르치는 여성들의 집안 문화를 학문 수준으로 끌어올리고 평가하려고 애썼으니까, 지금 생각하면 「삼국유사」의 힘이 아니었을까 한다.

두고 봐라. 서양이론 베낀 책들 다 없어져도, 대한민국이 망할지라도, 내 연구는 없어지지 않을 거라고 자긍할 수가 있었지. 그리고는 머리 속에서나 가슴 속에서는, 「삼국유사」처럼 두고두고 우리 민족에 공헌할 수 있는 연구여야 하고, 그런 문학을 해야 한다는, 내 힘으로는 불가능한 강박증에 시달려 왔지.

퇴직한 지금도 나는 우리 전통문화 특히 아동과 여성 관련의 문화에 대한 자료를 다량 확보하고 있고, 계속 모으고 있다. 기회가 되면 시로 써보고 싶다는 소망을 버리지 않고 있어, 이번 일연 대선사의 시비건립 행사는 나에게는 남다른 감회가 오래 가는 것이리라.

돌이오는 야간 버스 안에서 줄곧 일연 대선사의 모습을 그려보려고 애쓰면서, 문학에서나 문화사 등에서 「삼국유사」만큼 공헌도가 높은 고문헌이 얼마나 될까를 생각하면서, 제발 일연 대선사의 넋이 내게도 씌워지기를 빌면서.

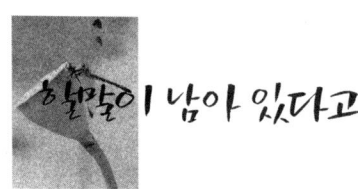
헛말이 남아 있다고

섣달, 모과나무에 모과 두 알이 달려 있다

정월, 플라타너스는 잎새 몇 장을 붙잡고 안 놓는다

2월, 응달진 산자락에 잔설(殘雪)이 희끗희끗하다

3월, 남녘은 매화꽃 핀다는데 중부지방 날씨는 진눈깨비 예보이다

4·19묘역 하늘에 깃털구름 머뭇거린다

어버이날 다다음날도 지하철역 출구마다 카네이션꽃을 팔고 있다

국립묘지 뒷동네에서 소쩍새가 자주 운다

7월, 열이레 둥근 달이 구름 속으로 몸 숨기는 별들을 불러낸다

광복절이 지난 뒤에도 임대아파트 깃대에선 태극기가 안 내려온다

9월, 고추잠자리 한 떼가 며칠째 마당을 둘러보고 있다

10월, 영어 불어 이태리어 간판들 틈에 한글간판 하나가 한사코 끼어들었다

동짓달, 일주일이 멀다하고 손톱 발톱은 키가 큰다.

Be the newest! 모름지기 새로워야 창작품이 될 수 있다. 모든 시인들과 마찬가지로 나도 늘 새로운 시를 새

롭게 써야 한다는 강박증에 시달린다. 그러나 새롭기는 얼마나 어려운가. 하늘 아래 새로운 것은 없다고 『구약성서』의 「전도서」 저자는 단언하고 있다.

새 것이 있을 수 없기 때문에, 그만큼 새 것을 못 쓰면 헌 것을 새롭게 둔갑시켜서라도 새 것으로 만들어야 하는 새로운 시도를 해야 하니까. 창의성이란 오리지널한 것만이 아니라 기존의 것들을 가지고, 그 누구도 한번도 시도해 본 적이 없는 새로운 방식으로 새롭게 시도하는 것이니까.

무수한 선배 시인들이 일행시를 썼고, 토씨가 없는 시, 동사가 없는 시, 명사뿐인 시도 썼다. 다만 17글자로 하이쿠도 지어냈고, 45자 내외의 글자로 시조도 쓰는 등, 무수하게 새로움을 시도하고 거듭 시도해 왔다. 심지어는 백지에 제목만 써놓고 신작시라고 한 시인도 있었으니까. 아무리 백지와 침묵이 무한을 대변하고 상징하고 무한의 의미를 담아낸다 해도, 시가 언어예술인 이상, 백지도 시가 될 수 있는지 모르겠지만. 그렇게까지 새로움이 시도되었을 정도로, 새로운 시란 어렵고 불가능한지도 모른다.

위의 「할말이 남아 있다고」 역시 형식과 내용에서 우리 시대의 새 월령가를 새롭게 시도하고 싶어 한 것이다.

먼저 형식에서 제목과 시의 내용 12행이 각각 한 문장이 되도록 시도했다는 점이다. 소위 월령가 형식이 되도록 했지만, 기존의 월령가와는 다르게 쓰고 싶었다. 「할말이 남아 있다고」라는 제목에서 시작하여, 매행과 이어서 읽지 않으면 의미가 통하기 어렵다. 그렇게 제목과 매행을 12번이나 읽어내야만 한편의 월령가가 되기 때문이다.

다음은 시의 내용에서 일 년 열두 달을 한 편에다, 그것도 짧은 시에다 담아낸 시는 이때껏 없었다. 또한 매달의 특징을 딱 한 행으로만 포착해내려고 시도하여, 기존의 월령가와 다르게 했다. 우리 시대의 월령가를 매달의 가장 특징적인 우리 시대의 세시 풍속과 연결되도록 딱 한 행으로 잡아내려 했다.

또한 12개월을 매달로 이어지게 하지 않고 4·19, 어버이날, 현충일이 있는 4, 5, 6월은 매행의 첫머리에서 제외했다. 굳이 이 석 달을 써주지 않아도 3월 다음에 4월이 올 것이고, 또한 4·19와 4월의 불가분의 관계를 독자는

다 알고 있다는 것도 전제했다. '4월, 4·19묘역…'이라고 쓸 필요는 전혀 없었으니까. 만약 그렇게 썼다면, 시인 자신과 독자를 너무 얕잡아본 시가 되고 말 것이라고 생각했기 때문이다. 어버이날도 5월 중에 있는 줄을 삼척동자도 잘 알고 있다는 전제에서 5월을 앞머리에 뺀 것이다. 6월도 마찬가지였다. 그리고는 나머지 여러 달은 순서대로 이어주었다. 뿐만 아니라, 통상적인 것과 이 시의 차이를 고려하여 섣달부터 시작했다. 의례 정월부터 시작하는 관행이나, 비시적인 것들과의 차별을 시도한 것이다.

이 작품이 대표작이라고 하기보다는, 위와 같은 새로움의 시도로, 우리 시대의 새로운 월령가를 형식과 내용에서 새롭게 시도했다는 점에서, 이 원고를 청탁한 의도와 기대에 맞을 것이라 싶어, 본문을 제시하고 창작의도를 밝힌 것이다.

세계적인 비디오 아티스트 백남준 씨던가? 예술은 고급 사기라고 했다는 말이 시창작에서도 맞는 말이 아닐까? 상상력이란 것과 미학적 장치라는 것에 기대어야 하니까 말이다.

십리절반 오리나무 : 내 어머니의 나무 노래

한창 문학소녀의 꿈이 싹트던 때였으리라. 책이 귀하던 때라 헌책방 아저씨가 추천한 『소월시초』를 빌려 읽었다. 이튿날 아침 등교 길에 몇 구절이 생각났다. 특히 「산유화」중에 '갈 봄 여름 없이 꽃이 피네' 라는 구절이 계절 순서와 다른 점이었다. 마침 특별활동 시간에 문예반에 들어가 선생님께 질문했더니, '그야 소월에게 물어봐야지' 라고 하여 무안당하고는, 「산」이라는 시에서 '산새도 오리나무 위에서 운다' 라는 구절은 더 질문할 수가 없었다. 우리 고향마을 산의 오리나무는 시에 나올만한 좋은 나무가 아니었는데, 소월은 왜 산새가 오리나무 위에서 운다 했을까? 이 의문은 어머니의 「나무노래」로 담박에 풀렸다.

누구나 가난했던 그 시절, 오후 하교 후 대문을 들어서니 어머니의 노랫소리가 들렸다. 또 그 촌티 나는 옛날 노래였다. 아마 또 어린 동생이 아이스께끼를 사달라고 떼쓰는 모양이다. 울며 떼쓰는 동생을 달래어 웃기는 사이, 아이스께끼 소년이 멀리 가버리기를 바라시는 계산이었다.

> 가자 가자 감나무 / 오자 오자 옻나무 / 달 속에는 계수나무 / 물가에는 물푸레나무 / 아들 낳아라 추자나무 / 무덤 앞에 가시나무 / 무당 손에 복숭나무 / 오리길에 시무나무 / 십리절반 오리나무 / 가다보니 가닥나무 / 오다 보니 오동나무 / 대낮에도 밤나무 / 양반동네 상나무 / 마당 쓸어 싸리나무 / 따끔따끔 가시나무 / 깔고 앉아 구기자 나무 / 칼에 찔려 피나무 / 방귀 뽕뽕 뽕나무 / 댓기이놈 대나무 / 참거라 참나무/⋯.

그렇다! 십리절반은 오리! 그래 오리나무다! 소월의 시 「산」의 오리나무는 거리 개념을 나타낸다고 본 것이다. 시란 이렇게 쓰나보다. 나는 시 공부를 이렇게 혼자서

한 셈이다. 어머니는 우리말의 명수셨다. 대상의 나이와 생김새 행동 자세는 물론, 장소와 사건, 시간과 때 등에 참으로 절묘하게 알맞는 비유와 상징어를 혀를 내두를 정도로 잘도 만들어 말씀하셨다.

도시에 오래 살게 되자, 찬송가를 즐겨 흥얼거리셨지만, 오륜가, 사친가, 사우가, 화전가 등 내방가사와 나무 노래, 못 된 시누 시동생 등의 속요를 흥얼거리시며, 아궁이 앞에서나, 등잔을 당겨 호롱불 심지를 돋우고 바느질을 하시며 중얼거리시며, 치마꼬리 당겨 눈물 훔치시던 젊은 아낙 엄마와, 까망 단발머리 내 모습이 더 그립다.

어머니는 내 문학과 학문의 최초의 스승이셨다. 나무 노래를 부르시는 어머니의 단조로운 목소리가 새삼 그리운 이 가을, 고향집 툇마루까지 그리워 눈꼬리가 젖는다.

두 귀에 운동화를 신겼더니

 무슨 커피를 잘 마시느냐는 물음에 나도 모르게 자판기 커피라고 대답한 적이 있다. 의외의 대답이었는지 다들 와르르 웃어서 좀 민망해진 적도 있었지만, 나는 자판기 커피를 곧잘 마신다. 위생이 엉망이라 불결하다느니, 너무 독하다느니…. 많은 약점에도 불구하고 계속 자판기 커피를 자주 마신다. 어떤 이는 영부인이 되고 싶어 영부인 커피를 마시는 거라는 농담도 듣지만, 농담이라도 그건 악담이다.
 이유는 아주 유치하다. 자판기 커피는 우선 내 노동을 최저로 요구하기 때문이다. 무엇보다도 내 손으로 타서 마시기 싫은 때는 성당으로 간다. 비 오는 때는 우산을 쓰고 간다. 내 기호에 맞게 내 손으로 타서 마셔야 제 맛을 즐길 수 있다는 논리가 왜 옳지 않겠는가 마는, 부끄럽게도 나는 커피맛을 즐기는 멋과는 반대로, 필요에 의해 커피를 마셔온 적이 더 많았던 것 같다.

  내 손이 닿지 않으면 돌아가지 않는 일상에서, 한가롭게 원두커피를 뽑아 멋진 곳에 앉아서 품위와 멋을 누리며 천천히 음미하는 호사와는 거리가 멀게 마셔왔다는 점이 커피에게도 미안하다. 하지만 나는 나를 귀찮게 하는 건 무엇이나 싫은 게으른 이기주의자다. 언제부턴지 내 손을 요구하는, 일답지도 못한 일은, 무엇이나 내게는 노동이기 때문이다.

  그래서 커피를 마시러 성당으로 간다. 물론 거리의 모퉁이나 상가 앞에도 자판기들이 있긴 있다. 그러나 가는 김에 걷고, 걸으면서 생각하는 등, 겸사겸사로 운동화만 신으면 되는 자판기 커피를 마시러 간다.

  자판기 4대가 놓인 넓고 시원하고, 더구나 1층에 있어 좋은 만남의 방에서, 150원에 한 잔을 뽑아 푹신한 의자에서 또는 탁자 앞까지 의자를 바싹 끌어당겨 앉아서 창 밖의 푸른 산줄기, 또는 비 오는 날은 빗발을, 가을에는 흩날리는 낙엽을, 겨울에는 흩어지는 눈발을 내다보며 천천히 마신다. 그런 때마다 마치 묵상 기도를 하는 기분도 들곤 한다. 더 마시고 싶으면 여러 잔을 뽑아 마셔도, 3,000원 한 잔을 좁고 답답한 찻집에서 마시는 것보다 더 멋지기 때문이다. 또 새로 생긴 동네 경양식집에서는 5,000원이나 주어야 하고, 게다가 좁은 홀 귀퉁이에 혼자 앉아 웨이터와 손님들의 시선도 의식해야만 되니, 약속이 아니면 자주 가지질 않고 무난한 약속은 성당에서 만나 함께 자판기 커피나 다른 차를 뽑아 마시며 편안하게 걷곤 한다.

가끔은 두세 잔을 뽑아 섞어서 들고 성당 뒷산을 오르기도 한다. 동산 같은 산이지만 사계절의 자연을 누릴 수 있어 무척이나 호강스럽다. 이른 봄날에는 커피잔을 들고 산을 오르며 보니, 새 싹들이 신의 호명(呼名)에 졸음 덜 깬 눈을 비비며 일어나는 듯이 움돋아나고 있었다. 요즘은 시원한 나무그늘 벤치에 앉아 정신을 놓아버리면, 바로 등 뒤로 지나가는 사람들의 발자국소리조차 안 들리기도 한다. 이런 곳에서는 아는 사람들끼리도 모르는 체 지나가 주는 게 예의인 줄을 다들 알고 있어 좋다.

커피 기운에 정신이 더 맑아진 나머지 여기저기 걷기도 하고, 내려가서 성당 안에 들어가 묵상도 하고 나면, 뭔가 모를 충만감으로 몸과 마음이 개운해져서 좋다. 다음의 소품 「운동화, 두 귀에 신겼다」는 이런 과정에서 태어난 것이다.

아무리 기도해도 응답해주시지 않으니
더 이상 기도하고 싶지 않다고 불평을 하자
그럴 리가 없다는 수녀님은
기도할 때 귀에 운동화를 신겨보라고 했다

새 운동화를 신고 신이 난 두 귀가 얼마나 빨리 달렸는지
금방 하늘나라 문 앞에까지 왔는데
걱정하시는 하느님의 음성이 들리지 않는가

'글라라의 전화는 늘 통화중이라
도무지 통화를 할 수가 없단 말이야
게다가 가슴에는 빈틈이라고는 한치도 없어서
응답을 보내도 비집고 들어갈 수가 없었다고
번번이 돌아와 버리니, 정말 큰일이야

저 잡념자루를 어쩐다?

　안 보이는 분의 안 들리는 음성을 들은 것도 같다. 그래 나는 잡념자루다. 잡념이 상념으로 자라고 다시 신념으로 자라게 될까 겁나면서도, 내 머리는 늘 너무너무 복잡하다. 늘 무슨 생각으로 빌 순간이 없는 것 같다. 아무리 정신을 놓아보려 노력해도, 머리는 비워지지 않고 다시 다른 생각이 끼여들거나 엉뚱한 생각으로 바뀌어 버리곤 한다. 묵상이나 명상을 하려고 해도 상상, 공상, 망상으로 변질되어 버리곤 한다. 가슴에도 뭔가가 너무너무 꽉 차서 한 치는 커녕 반 치의 틈새도 없는 듯 가슴이 답답하다. 명치끝에 주먹만한 쇠뭉치가 매달린 듯이 무겁고 답답해서 힘이 든다.
　이래서 과학시대일수록 종교가 필요하리라. 어디에나 계시는 신(神)이지만, 교회나 절간이 따로 존재해야 하는 이유도 알만 하다. 나는 매사에 엉터리이고, 종교에서는 더욱 엉터리지만 종교적 공간은 늘 좋다. 시내에 나가서 다음 약속 사이에 시간이 좀 남았으면 찻집 아닌 조계사에 들리곤 한다. 성당이나 교회이건 사찰이건 대형화되는 게 불만이긴 하지만, 자그마하고 아늑한 종교의 공간에 들어서면, 한없이 작아지면서 크고 드높은 절대자의 옷깃에 닿아지는 느낌이 들 때가 있어 좋다. 신의 음성은 150원짜리 커피 한 잔을 즐기면서도 덤처럼 들을 수도 있었으면 하고.

시(詩), 이 사이비 종교는 과연 평화적인가?

　내게서 시는 아직도 싸움 끝에 태어난다. 쓰고 싶어서 틈내느라 생활과 싸우고, 비시적인 자신이 증오스러워서 싸우고, 모국어들과 싸운다. 그러면서 모든 목숨은 피를 흘려야 제 새끼를 낳는다는 사실을 수긍할 수 있었다. 피 흘리지 않고 태어나는 생명이 있던가?
　한동안은 시를 비롯한 모든 예술은 외과적이기보다는 내과적이라고 믿었다. 찢고 잘라내고 꿰매는 외과적 수술은 정치, 군사, 경제 등의 몫이고, 시 예술은 어르고 달래고 위로해 주는 내복약 중심의 내과적이라고. '행동은 말의 자식'이라고 선언하고 파리로 망명해버린 하이네는 충동적인 사이비 시로서, 시를 목적 아닌 수단이나 도구로 전락시켰다고. 내복약 치료는 더디어 인내를 감수하면서도 단번의 성급한 치료(변화) 효과에 따라오는 후유증까지도 예견하고 대비해야 하듯이, 시는 더디지만 평화적 특성에 가깝다고. 이 점에서 시인은 광야에서 외치는 고독한 목소리의 예언자 편에 가깝다고.

언제부터, 시야말로 사이비 종교라고 생각되었다. 시인은 사이비 종교의 광신자, 맹신자를 넘어 스스로 사제(司祭)를 자처하며, 모든 이를 위한 고해(告解)를 써준다는 건방진 생각을 하게 되었다. 따라서 제 스스로 부여한 이 소명과 사명으로 순교를 자원하면서, 독자에게도 맹신을 부추겨 생활의 최저 기초능력조차 상실하게 만든다는 생각도 들었다.

시의 평화는 사이비 종교의 목적은 될 순 있어도, 그 과정은 역시 순교를 부추기는 자기와의 싸움 아닌가. 일제시대의 시인들이 모국어의 독립운동가들이었다는 점이 바로 그렇다. 아래의 「시의 날, 사이비 종교의 날에」는 이런 생각에서 태어났으니―.

숨막히던 조선시대에 숨통을 틔워준

단 하나의 환기통(換氣筒) 김시습(金時習)의 방갓도 아니면서
평생 하늘을 가리고 죄인으로 살았다는
난고 김병연(蘭皐 金炳淵)의 삿갓도 아니면서
가시옷에 가시모자 쓰고 태어난 별종(別種) 고슴도치들이 있다
십자가의 조롱꺼리 그리스도의 가시왕관처럼
직업도 못되는 직함도 아닌 가시모자를
한번 덮어쓰면 절대로 못 벗는
매월당이기도 김삿갓이기도 하면서
외롭게 고통스럽게 쑥스럽게 면구스럽게
십자가의 치욕처럼 또는 면류관(冕旒冠)처럼
제 가시에 찔리는 사이비 종교(似而非 宗敎)를 위해
순교를 자원하는 맹신도를 위하여
모든 이의 고해를 대신해주는
거룩한 임무를 스스로 부여한 사이비 종교의 사제들을 위하여
된서리가 베푼 은총의 날이 있다
양력으로는 동짓달 초하루
산천도 피 흘려 단풍시를 쓰는 바로 그 날이다 시(詩)의 날이다.

기죽이고 겁주어 오기로 덤비게 하는 책

발터 벤야민의 『아케이드 프로젝트 1·2』와 싸운다. 싸움이라고 할 정도로 힘들기 때문이다. 내 딴에는 문학 외에 전공이 따로 있고 관련된 타 분야의 책도 즐겨 읽는 편이어서, 독서가 그리 한심하다고는 생각지 않았는데, 착각이었음을 알려주는 책이었다. 이때껏 뭘 읽고 쓰고 가르치며 유식한 척해 왔는지? 페이지를 넘기기 전에 읽은 것을 잊어버리기도 했으니, 번역 탓보다는 오로지 내 기초적인 무지와 무식 탓임을 일깨워주는 책이었다.

그림을 전공하는 딸애가 읽어보라고 준 이 책은, 보통

책 서너 권 이상의 분량이라고나 할까. 흡사 Annotated Bibliography(해제를 곁들인 참고문헌) 비슷하기도 하고, 독서 카드나 노트 메모 같았다. 유사한 주제 내용끼리 모아 장(章)구별은 되었지만, 내용 간의 소통은 거의 없어서 더 읽기 힘들었다. 또 책의 내용 범위가 광대하고 방대한 사전지식을 전제했기 때문에, 내 사전지식 수준은 부족 이하의 무지 무식이어서, 기죽지 않을 수 없게 했다. 마치 기초통계도 모르면서 계량통계의 장단점을 평가하는 듯, 읽어가다가도 그만 책을 놓아버리게도 했다. 내가 이렇게 무식하고 무지했었다니! 내 독서가 이렇게도 형편없었다니! 수치스러움은 스스로에 대한 분노와 허탈 어이없음으로 이어지지 않을 수 없게 되기도 했다.

그럴 때마다 책을 덮어버리고 부담 없는 다른 책을 읽으며, 곤두서는 신경을 달래기도 했으니, 연초에 시작한 이 책을 읽는 사이사이 월간지, 계간지, 시집, 소설 외에도 다른 책을 수도 없이 읽지 않을 수 없었다. 그리고는 다시 전쟁을 시작하는 마음가짐으로 읽던 페이지를 찾곤 했다. 때로는 아예 관심 밖의 주제나 내용 부분은 건너뛰고, 인상으로 보아 읽을 만한 부분만 읽기도 했다.

역자의 표현처럼 천 개의 입구와 출구를 동시에 가진 책이라고 할 정도로 독립적인 내용들이어서 그렇게 읽어도 이해에는 방해되지 않았으니까. 그러나, 그리고, 또, 그래서, 참으로 꼭 읽어내야만 하는 책이고, 상당 부분에서는 오랜만에 체험하는 듯, 이마와 가슴이 눈길이 뜨거워지곤 했으니까.

저자는 평생 한번도 도시를 떠나 본 적 없으며, 그의 사유와 여행 또한 모두 도시와 도시 사이를 떠돈 점에서, 최초의 모더니스트라고 할 수 있단다. 도시가 곧 고향이었고 도시의 냄새에 취했으며, 도시의 이런저런 소음을 즐긴 최초의 도시인이었던 벤야민의 사유의 범주가 독창적이었던 것도, 이런 연유와 관련되었을 것이라는 역자의 소개 외에, 벤야민의 이 책은 19세기의 자본주의를 완전 분해한 다음, 거기서 나온 부품들로 자본주의 자체를 완전히 새롭게 조립해보려는 시도로 보였다고도 했다.

벤야민 자신도 '진정 내 모든 악전고투와 내 모든 사상이 펼치는 무대'라고 자평하면서, 이 모든 작업을 완성하고 또 튼튼하게 구축하기 위해서는, 헤겔의 몇몇 측면뿐만 아니라 자본의 특정 부분들에 대한 연구도 필수적일 거라고 했으니, 나야말로 그가 말하는 관련 분야에 사전지식을 거의 또는 제대로 갖추지 못했다고 할 수 있지 않은가. 지금 그에게 확실해 보이는 일은 이 책, 그리고 『비극』에서 인식론 —그리고 무엇보다도 역사 인식론 —을 담고 있는 서론을 작성하는 작업이 꼭 필요하다고 하면서, 이 때문에 하이데거와 마주치게 될 것이다. 또한 역사를 고찰하는 서로 다른 두 가지 방식이 상호 충돌하면서 생겨날, 섬광 같은 것을 기대한다고 했으니, 도무지 구름 같은 얘기에다, 광대무변의 심오 박학한 그의 연구와 성찰과 사유의 깊이와 높이를, 내 독서편력으로는 따라갈 도리가 있어야 말이지.

 이 텍스트는 20세기에 가장 위해한 서사시로 평가되고 있다. 천 개의 입구와 출구를 동시에 가진 거대한 개미굴 같은 형태여서, 마치 멀티미디어처럼 누구나 멀티유저가 되어, 각자의 입장과 위치에서 얼마든지 자유롭게 접속해도 좋다고 했고, 나도 전적으로 동의하고 그렇게 마음대로 출입하면서 읽고 접고 다시 읽어왔다. 벤야민은 자본을 착취나 저항이나 악, 즉 자본의 바깥이 아니라 안에서, 유혹이라는 관점에서 파악했다. 그런 후에 비로소 자본주의 이후를 구상하는 새로운 방법과 관련

해, 마르크스의 『자본』 이후 가장 많은 것을 암시해 주었다고 했으나, 내가 자본주의나 서구역사와 철학과 역사인식론에 대해 뭘 제대로 알고 있었던가.

정말로 이 책은 하늘에서 지구를 내려다보듯, 인공위성이 지구의 땅속까지 샅샅이 살펴내듯이, 지난 세기 지구에서 일어난 모든 것을 다 담아내고 있다. 따라서 미완성의 이 책에서 벤야민의 공부와 사유에 감탄하고 경탄하고 존경해 마지않을 수 없어, 저절로 기죽고 말게 되지 않는가 말이다.

미완성이라는 이 책은 전방위적 연구의 기적을 무한정 연출하고 있어 압도당하지 않을 그 누가 있을까 싶다. 문화사 연구서인가 하면, 문학비평과 철학적 저술이고, 20세기의 가장 위대한 서사시라고 평한 앙드레 알렉시스의 평가에도 동감하다가도, 내 동감이 알고 하는 것인지 의심스러워지곤 했으니까. 이 책은 문명에 관한 새로운 글쓰기 방식을 보여주고 있다. 따라서 예술 작품이 아니라 문명의 쓰레기를 이용해 위(上)에서부터가 아니라 아래(下)로부터 문명을 서술할 수 있는 독창적인 '새 방법'을 제시하고 있다고도 한다. 또한 역사를 승자들의 성취가 아닌 패자들의 고통 중심으로 기록할 것을 주장한 벤야민의 호소를, 현대의 역사학이 비로소, 마침내, 드디어 의식하기 시작한 새로운 역사서술 방식의 선구적 예로 평가되기도 했다.

  이 책의 성찰들 자체가 벤야민이 탐구하는 세계를 있는 그대로 비추고 있는 거울이라고 할 수 있다. 벤야민의 자살을 유럽 정신의 죽음이라고 선언했을 정도로, 역사를 이해하기 위한 20세기의 가장 위대한 작업이었다고. 만인의 성찬으로 즐기게 될 책으로, 이 책은 온갖 전설을 넘어선다고 평가되기도 했다. 따라서 한 작가와 한 도시 간의 관계를, 프루스트, 조이스, 물질의 위대한 대도시 소설들에서 펼쳐지고 있는 형태로 포착하고 있다고 본 하버트 머스 캠프의 평가는, 내겐 그의 평가 자체는 고사하고 평자의 이름조차도 생소했으니, 이 책읽기가 내겐 얼마나 힘들고 기죽이는 노동이자 고역인가를 쉽게 짐작할 수 있지 않을까.

  또한 겁먹게 하는 만큼 적어도 두 번 이상은 통독해야만 '수박겉핥기'라도 될 것이라고. 또한 어떻게든 읽어내어, 도달해야 할 거기의 절반까지라도 도달해야겠다는 오기를 부리지 않을 수 없게 만들지 않는가.

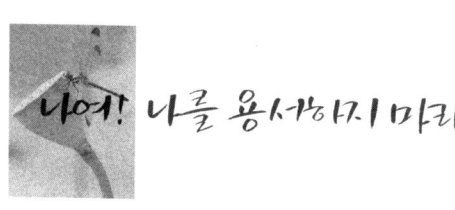

나여! 나를 용서하지 마라

네 목소리는 '비 가는 소리'

오늘밤 너 유안진은 시인도 신앙인도 아닌 비 가는 소리로 찾아왔구나. 거울 속에서 마주보기도 하고, 밝은 날 나를 따라다니거나 앞장서거나 나 모르게 나란히 걷기도 하다가, 흐린 날엔 아예 내 속에 들어와 보이지 않는 그림자이기도 하더니, 그렇게 나의 몇 가지 페르소나이더니, 내가 아무것도 하지 못하고 혼자 있을 때 자주 찾아오는 바람소리, 창틀 흔드는 소리, 나뭇잎 떨어지는 소리나 풀버러지 소리이곤 하더니-.

때로는 악몽으로 나를 소스라쳐 깨워 앉히기도 하고, 아무 소리도 아니면서 내 잠을 깨워, 눈 감은 채 멍청히 누웠으면 잠깬 나를 불러내어 너를 따라갈 수밖에. 달아난 잠을 다시 잡아올 수 없으니 거실로 나가서 채널을 돌려라, 혹시 누군가의 입을 통해서 내게 들려주는 신의 말씀을 들으라고도 하더니-.

창 밖에서는 비가 그치고 있다. 그레고리안 성가풍의 빗소리, 그레고리안 성가대의 성가처럼 왔던 비는 지금 가고 있구나. 잠자는 사이 나 몰래 왔던 비가 돌아가고 있다고, 내게 일러주는 거지. 아니 왜 오는 줄은 모르고 살다가 가버릴 때에야 겨우 알아차리느냐고 나무라는 거지?! 오싹 해지는구나. 그래 난 긴 인생을 잠만 잤어. 내게 찾아온 젊음, 내게 찾아온 사랑, 나를 찾아와 준 기회… 등등. 전혀 알지 못했구나. 나의 기나긴 청춘 그 지천인 젊음을 나는 얼마나 지겨워했던가 말이다. 청춘이 너무 길어서 얼른 결단내줄 누군가를 얼마나 목마르게 찾고 있었던가.

누군가가 말했다지. 기회란 머리칼이 없는 민대머리라고. 머리칼이 있으면 달아나는 기회의 뒤통수의 머리끄댕이를 잡아 낚아 챌 수 있는데, 머리칼이 없어 기회를 놓치고 만다고.

 비단 젊음뿐이냐. 사랑도, 기회도, 시절도, 밤비도, 사람도 다 곁에 있을 때는 귀한 줄 모르다가 떠나버린 다음에야 아쉬워한단 말이지. 그 말 하려고 날 깨웠어. 너무 평범한 누가 들어도 시큰둥해 할 네 말이 눈가를 적시는구나. 가슴 웅덩이에 고이는구나.

  비 가는 소리에 잠깼다
  온 줄도 몰랐는데 썰물 소리처럼
  다가오다 멀어지는 불협화의 음정(音程)

  밤비에도 못다 씻긴 희뿌연 어둠으로, 아쉬움과 섭섭함이 뒷축 끌며 따라가는 소리, 괜히 뒤돌아다보는 실루엣, 수묵으로 번지는 뒷모습의 가고 있는 밤비소리, 이 밤이 새기 전에 돌아가야만 하는 모양이다

  가는 소리 들리니 왔던 게 틀림없지
  밤비뿐이랴
  젊음도 사랑도 기회도
  오는 줄은 몰랐다가 갈 때 겨우 알아차리는

어느 새 가는 소리가 더 들긴다

왔던 것은 가고야 말지

시절도 밤비도 사람도… 죄다.

 지그문트 프로이트에게 들려준 그의 내면의 목소리처럼, 카를 구스타브 융에게 들려준 그의 내면의 음성도, 지금 네가 내게 들려준 것과 비슷했으리라. 내면의 소리에 기초하여 그이들의 정신분석학 이론을 구축했으니, 나를 데려가는 너와의 내면 여행인 자아분석, 자아성찰, 내부 고발과 위로로 너와 진솔한 대화를 자주 하자는 거지.

 '나는 나를 어디로 데려가는지도 모른 채, 나 자신을 어떤 흐름에 맡겨야만 했다. 그런데 만다라를 그리기 시작할 무렵에 모든 것들, 다시 말해서 내가 지나온 모든 통로와 내가 밟아온 모든 발걸음이 어느 한 점, 곧 하나의 중앙점으로 거슬러 올라가는 것을 보았다. 만다라가 그 중심인 것이 차차 내게 확실해졌다' 라고 융은 그의 성인기 발달이론을 구축하는 과정을 고백하고 있다.

 나도 너, 밤비소리가 나를 어디로 데려가는지도 모른

채, 나 자신을 '비 가는 소리'인 너에게 맡겨야만 했고, 너를 따라서 내가 지나가는 모든 통로와 내가 밟아 가는 모든 발자국은 「어리석음 놓침」이라는 중앙점으로 거슬러 올라갔으니, 너는 내게 어리석음, 놓침, 때늦음 등을 만다라를 그리듯 작품으로 쓰라는 거냐?

허명에서 자유로워라

시인 유안진은 신앙인 유안진 글라라에게 늘 유구무언(有口無言)이지. 네 앞에서는 나의 의식도 무의식이 되고 말아. 나는 늘 내 속의 무의식의 외침인 네 목소리를 싫어했으니까. 나는 너무 자주 너무 깊이 너와 많은 얘기를 했다고 생각하는데, 그래도 너는 내게 할말이 많은 거니? 늘 너를 싫어하고 네 말 듣기를 혐오하는 시인 나에게 신의 목소리를 들어보라고 했지. 신은 이미 2000여 년 전에 하나뿐인 아들의 목숨값으로 나를 사두신 사랑이라는 뜻의 이름을 가진 분이라고. 나는 대단히 비싼 값으로 사두신 사랑의 띨이브로 그분이 내게 들려주는 말은 무조건 들으라고.

나는 늘 내 발등에 떨어지는 불덩이를 끄기에도 바빴어. 정신없이 끄고 나면 다시 다른 불덩이들이 떨어지곤 했어. 내 발등은 불에 데이고 화상 입은 상처들뿐이야. 신은 침묵으로 말씀하시는 분에다가 모습이 안 보이는 분이시니 나는 너무 답답하고 안타까웠고 그럼에도 너는 그 분 외에는 나를 너보다 더 사랑하는 누가 없다고만 했지.

너는 신은 모습이 안 보이는 분이니까 얼마나 좋으냐고 했지. 신 앞에 나아간 나에게 얼굴로 나타나면 나는 내 진실을 미주알고주알 다 아뢸 수가 없을 거라고 말이야. 또한 신의 음성이 안 들리는 침묵이니 얼마나 다행이냐고. 만일 네가 신을 부를 때마다 오냐 말해보라고 하시면 나는 한마디도 말하지 못할 것이라고 너는 늘 주장하지. 글라라! 네 말이 옳은 말이야. 그래도 나는 어떤 반응을 갈망하고 있어. 기적 같은 반응을 말이야. 사실은 오래 전부터 늘 너의 충고를 받아들이고 있었지. 허명에서 자유롭기를 신께 빌어 왔으니까.

너 글라라는 나 유안진에게 매슬로우의 supernormality를 요구하지만, 그것이야 말로 허명(虛名)에 대한 집착이야. 나는 허명에서 해방을 신께 빌고 있는 중이야. 나 좋아서, 진정한 한 편을 피로서 쓰고 싶을 뿐이야. 상당한 기간 동안 나는 자유롭게 살고 있지. 내 일이 아픈 것이든 아니든 죄다 남의 일처럼, 거리 밖에서 구경하듯 살고 싶다는 한동안에 머물고 있어. 내 얘기를 마치 남의 얘기하듯이 중얼거리기 일쑤로 말이야. 그런데 어느 날 거울 앞에 서니, 너는 그림자도 비 가는 소리도 바람 소리도 풀벌레소리도 아닌, 거울 속의 내 얼굴로서 나를 꼬나보지 않겠어. 그래서 난 단번에 다음의 소품으로 네게 대답했어. 아니 대답해주고 싶었어.

주름 잡으며 살아와서 너무 미안하다

누워서 먹고 싸며 자라는 젖아기가, 어느 날 갑자기 제 몸을 스스로 뒤집었다는, 젊은 엄마의 자랑을 듣고 듣다가, 제정신이 뒤집혀지는 사랑 끝에 생긴 아기는, 그 힘을 물려받아 제 몸을 뒤집는가 하다가

뒤집어 업어야 놀라운 자랑꺼리가 되고 말고, 내게도 그런 꿈이 있긴 있었는데, 세상을 통째로 뒤집어엎고 싶

었던, 피 끓던 한때가 분명 있었는데, 세상이 어디 그리
호락호락하던가, 결국은 뒤집어엎을 그 꿈을 뒤집어엎
느라고, 팽팽하던 얼굴만 뒤집히고 말았지

뒤집혀서 주름 잡힌 얼굴을 비쳐 볼 때마다
세상은 비록 뒤집어엎지 못했을 망정
내 인생 하나만은 뒤집어엎었다고
세상은 주름잡으며 살아오진 못했을 망정
내 얼굴 하나만은 주름잡으며 살아왔다고.

「주름잡으며 살았구나」라고 제목을 붙여봤지. 거울 속의 너는 단 한번도 나이기를 바랐던 적이 없는 나였어. 그래서 너를 이렇게 구겨 뭉쳐 버려서 너무 미안하다. 어찌 거울 속의 내 얼굴이 너 혼자만인가. 여기 저기 수시로 무너진 건강하며, 일상생활에서의 사소한 의욕에서도 마찬가지라서.

너는 내가 아니다라고 악을 쓰고 싶지만 그럴 수 없구나. 너를 이렇게 망가뜨린 책임 그 자체로서 눈물만 핑 돌 뿐이야. 미안하다 너무너무. 유안진 글라라이든 시인 유안진이든 나여! 나인 너는 날 용서치 마라.

4부

밀질수록 보람 커지는 숙맥의 행복
붉은 춘천에서 온다
묻고 싶지 않은 질문, 나에게 시란 무엇인가?
열정 도전을 즐기는 삶
먹을수록 배고픈 꽃, 참꽃 진달래
그림자의 목소리
남성은 편식하지만 여성은 잡곡이라고
시, 받침 하나가 모자라서 신(神)도 신도 못 되는
인공의 첫 의상, 무화과 잎새
아무것도 안 한 날이 중요한 일 한 날
은발이 흑발에게
달빛만 받으면 증조할머니가 된다

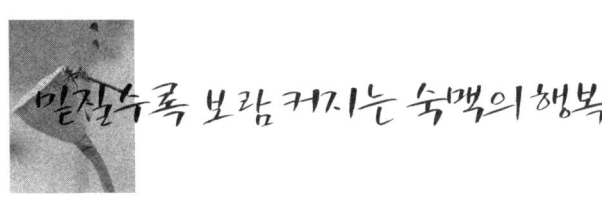

밑질수록 보람 커지는 숙맥의 행복

번번이 지고서도 행복해지는 까닭은
참패를 당할수록 보람이 커지는 까닭은

뺏기고도 기분이 좋아지는 까닭은
뺏기지 전에 미리 주고 싶어지는 까닭은

밑질수록 잘되는 사업을 차리고
생애를 바치는 까닭은

부모인,

때문이라

축복이라

숙맥(菽麥)이라.

　행복의 첫째는 부모됨이며, 모든 행복은 부모됨으로 귀결된다면 부정할 이 있을까? 부모됨이야말로 밑지는 사업가 되는 것, 그것도 평생을 바치면서 밑질수록 커지는 행복을 누리는 고된 사업이고, 자선이고, 국가 사회와 인류번영을 위한 큰 사업 큰 공헌이 아닌가.

　어쩌다 말씨름이라도 하면 번번이 지고 만다. 자랄수록 그렇다. 말이 딸리고 논리가 엉기면 '버릇없다', '후레자식 같다'고 어거지로 누르고는, 얼른 방으로 도망쳐 혼자서 웃어댄다. 기분이 썩 좋다. 어느새 그런 논리를 전개시킬 줄 알다니. 다 컸어. 대견스럽고 자랑스러워진다. 살아 놓은 아무것도 없다는 허무에 빠질 때도, 아이들 목소리는 늘 무슨 큰 업적 같아진다.

　동료의 자랑 겸 불평과 투정이었다. 대학생 아들이 급히 만나자고 해서 달려갔더니, 명품 세일장이었다고. 끌려다니면서 카드로 그어대고 왔다고. 마이너스 통장이 될 거라고. 언제 알았는지 자기는 모르는 명품을 줄줄

꿰면서, 좋은 물건, 두고두고 입을 경제적인 생각마저도 할 줄 알더라고. 주머니가 다 털렸다고, 웃어대는 불평은 결국 자랑이 아니던가.

　짐승들은 가장 좋은 조건에서 새끼를 배는데, 사람은 가장 좋은 결혼과 임신의 적기를 놓친다고, 이러다간 진화되는 동물에 비해 인간은 퇴보할 거라는 생물학자의 말도 참고해서, 일찍 결혼해서 적기에 건강한 자녀를 낳아 키우는 '밑지는 사업가'가 되자. 사글셋방에 살면서도 결혼하여 자식 낳아 키운, 전 시대의 부모들도 살아왔느니. 가장 기본적이고도 최고의 행복이 되는 쉬운 방법인 것을. 속상해서 퇴근하면 웃고 떠드는 아이들이 있어, 책임감과 기쁨을 얻게 되고, 다시 열심히 일할 사기를 회복시켜주지 않던가. 모름지기 부모라는 숙맥(녹두와 보리도 구별 못하는 바보)이 되어 행복하자.

봄은 춘천에서 온다

　세상 돌아가는 일을 보고 듣다가 문득문득 어머니가 생각나곤 하지. 음력 설만 지나면 동치미에는 군내가 난다고 얼른 먹어치워야 한다던 어머니의 말씀이며, 정승 댁 개가 죽으면 문상객들이 구름같이 몰려들어도, 정승이 죽으면 가랑개미 한 마리도 얼씬거리지 않는다던 말씀도, 요즘 같은 정권 교체기에 생각나곤 하지. 내 인식 속의 세상 인심은 아직도 겨울이고, 유난히 추위 타는 나도 겨울이라, 따뜻한 봄은 왜 기다려지지 않겠는가.
　언제부터였는지 봄은 늘 남녘 어느 남촌에서가 아니라, 서울보다 춥다는 춘천에서 온다고 생각해 왔다. 어찌 봄뿐이랴. 세상 일 모두가 개개인의 생각과 현실은 어긋나게 마련이고, 그런 어긋나는 지점에서 모든 창조가 태동된다니, 그런가 하다가, 올 봄도 춘천에서 올뿐만 아니라, 춘천은 가을도 봄이고, 사철이 항상 봄일 것이라고. 고향도 아니고 어떤 연고가 있어서도 아닌데, 춘천에는 봄철만 있는 것 같다는 생각은 바뀌지 않는다. 평소 그런 편견 이상의 허황됨과 엉뚱함에서 다음의 「춘천은 가을도 봄이지」라는 한편이 태어났을까.

겨울에는 불광동이 여름에는 냉천동 생각나듯
무릉도원은 도화동에 있을 것 같고
문경에 가면 괜히 기쁜 소식이 기다릴 듯
추풍령은 항시 서릿발 낙엽의 늦가을일 것만 같아

춘천(春川)이 그렇지
까닭도 연고도 없이 가고 싶지
얼음 풀리는 냇가에 새파란 움 미나리 발돋음 할 거라
녹다만 눈 응달 발치에 두고
마른 억새 깨 벗은 나무 가지 사이사이로
피고 있는 진달래꽃 닮은 누가 있을 거라

왜 느닷없이 불쑥 불쑥 춘천을 가고 싶어지지

가기만 하면 되느니 거라

가서, 할 일은 아무 것도 생각나 않는 거라

그저, 다만 새 봄 한 아름을 만날 수 있을 거라는 기대는

몽롱한 안개 피듯 언제나 춘천 춘천이면서도

정말 가 본 적은 없지

엄두가 안 나지, 두렵지, 겁나기도 하지

봄은 산 너머 남촌 아닌 춘천에서 오지

여름날 산마루의 소낙비는 이슬비로 몸 바꾸고

단풍든 산허리에 아지랑 거리는 봄의 실루엣

쌓이는 낙엽 밑에는 봄나물 꽃다지 노랑웃음도 쌓이지

단풍도 꽃이 되지, 귀도 눈이 되지

춘천(春川)이니까.

 오는 봄을 기다리지만 말고 봄을 찾아서 춘천을 꼭 가고 싶다. 누가 왜 하필 춘천을 춘천이라고 이름 지었을까? 얼음 풀리는 봄 냇물이 흐르고 있을까? 봄을 찾아, 봄에 춘천에 가는 게 좋을까? 가을에 찾아가, 가을도 봄인가를 확인하는 게 더 나을까? 허황되고 엉뚱한 이런

생각으로 자신과 세상을 겉돌아 왔을까? 스스로 격리시켜 왔을까? 아니면 어쭙잖은 시(詩) 나부랑이나 끄적거려 왔을까? 적지않게 남은 동치미 국물을 버리면서, 입 안에 퍼지는 봄나물의 향기를 느끼는 착각에도 빠진다. 과학도 문학 예술도 모름지기 엉뚱한 발상을 필요로 한다고? 춘천에 가지 말고 더욱 엉뚱해질까봐.

묻고 싶지 않은 질문, 나에게 시란 무엇인가?

도시로 나온 촌순이 중학생 적에 도시 아이들의 공부를 못 따라가서, 도피했던 도피성이 문학이었지. 문학이라기보다는 헌책 빌려 읽고 얘기하기였지. 시인 외에는 아무것도 안 되기로 굳게 결심했던 그 어린 맹꽁이 나이에, 시는 나에게 피난처였고 위로받는 도피성(shelter)이었는데.

그 후 성적이 오르자 스스로 결심을 버리고, 다시 시를 찾았을 때는 대학 3학년 봄, 1960년대 초의 그 괴롭던 시기에서 도망치고 싶었을까? 시작했던 시 공부, 말이 공부였지, 전공은 이미 문학이 아니었음에도, 문학보다 전공의 마력과 매력에 끌려 전공을 버리고 문학으로 달려갈 마음이 전혀 없었으면서도, 시는 묘한 변명과 위로와 요상스런 기쁨의 첫사랑 같은 것이었지.

그 힘든 유학을 마치고 돌아온 내게 어느 여성 시인이 대뜸 비난조로 빈정거렸지. 박사에 교수에 시인까지 다 해먹다니 너무하잖아? 라고.

그때 이래 나는 내게서 시란 무엇인가?를 자주 물어왔지. 특히 시다운 시가 안 될 때, 시 때문에 비참하다 싶어질 때, 시는 내게 불행이자 위로이고 변명이고 요설이고 재앙이고 저주이고 마약중독… 등등 온갖 나쁜 것들의 총체라고.

나는 늦게 결혼하게 되면서, 결혼이란 어머니 아닌 내게 무슨 의미가 되는가를 깊이 오래 생각했던 것처럼, 아무리 오래 깊이깊이 생각했어도 결론이 얻어지지 않았듯이, 그래서인지 내게서 남편이란 무엇인가? 자식이란 무엇인가?를 묻지 않고 살아오게 되었듯이. 물은들 무슨 대책이 있어야지. 나 같은 시인 나부랭이가 이 나라, 이 땅에, 이 시대에, 이 세상에 무엇인가? 무슨 의미가 뇌는가?는 더더욱 생각하고 싶지도 묻고 싶지도 않듯이, 우주에, 신(神)에게, 나는 정녕 무엇인가?를, 더구나 나의 시는 무엇인가?는 더욱 묻고 싶지 않듯이, 대답이 있고 없고는 상관없이, 너무 겁나서, 안다고 무슨 결단을 낼 용기는 물론 없어서. 나는 감히 물을 엄두도 시도도 내어 보지 못해왔듯이, 지금 나는 묻고 싶지 않지. 문학이란, 시란 나에게 무엇인가?를. 다만 생각하곤 하지.

단테의 『신곡』 중 「지옥편」의 아귀의 역설을 '안 먹으면 배고프고, 먹으면 더 배고파지는' 아귀의 역설처럼, 시도 내게는 '안 쓰면 쓰고 싶고, 쓰면 더 쓰고 싶어지는' 아귀의 역설 같다고.

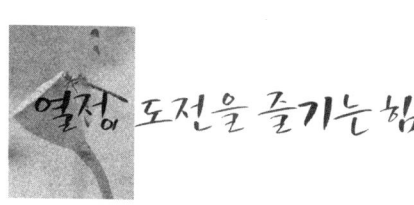# 열정, 도전을 즐기는 힘

  늦은 밤 귀가 길에 둥근 달을 쳐다보다가 첫사랑을 떠올리는 이, 빈대떡 한쪽과 막걸리 한 잔을 생각하는 이, 황금의 금메달을 생각하는 이들 중 누가 더 성취적일까?
  일찍이 하바드대학의 맥크레랜드 교수는 성취적인 사람은 자기 능력보다 약간 높은 모험(moderate-risk-taking)을 즐긴다고 했다. 턱없는 모험은 요행이나 점괘를 믿는 만용이지만, 조금만 더 노력하면 성취 가능하다고 판단한 모험은 거의 성취되기 마련이라고. 일단 한번 성취하면 다음 단계에는 좀 더 높은 목표에 도전할 자신감과 열정이 생겨, 점점 더 높은 목표에 더욱 열정적으로 도

전을 즐기게 되어, 결국 대성하게 된다고.

고통 없이는 얻는 것도 없다(No pain No gain)는 격언은 도전의 고통, 실패에의 공포를 전제하지만, 사람은 신의 무한의 능력을 전수받았으니 내게도 그런 능력이 있다는 믿음으로 도전할 일이다. 현대그룹의 고 정주영 회장은 박사들에게 계획을 올리라고 했더니, 실패를 전제하고 만든 계획이더라고, 안 보이는 사람의 능력은 계산하지 않더라고 했지. 로마 교황청의 시스티나 성당 천정화에는 하느님 야훼의 검지손가락이 아담의 검지에 닿아 전해진 능력은 아담만이 아닌 우리 누구에게나 있으니까.

한때는 '실패는 성공의 어머니'라는 실패를 겁내지 않는 도전의 용기를 부추기는 격언이 학생들의 책상 앞에 붙어 있었고, 요즘에는 실패 경험을 성공 가능성으로 본 실패학도 생겼으니, 실패의 선물인 지혜와 오기가 결국에는 성공의 길잡이가 된다는 발견이 아닌가. 그렇다. 도대체 몇 번의 실패 없는 성공이 있기나 했던가? 실패는 지혜를, 성공은 경박함을 선물하지. 실패 원인은 다음 도전에 더 지혜로운 열정이 되니까.

노인에겐 지혜는 있어도 열정이 부족해서 도전을 못하

지만, 청년은 지혜는 부족해도 열정이 있어 도전의 힘이 되니 결국 청년에게 미래가 더 기대되지 않는가. 실패가 거듭되면 지혜도 쌓이느니, 만 권의 책보다 쓰라린 체험에서 더 현실적이고 유익한 지혜가 얻어지는 법, 또 실패할까봐 겁먹지 말고 도전에 도전을 거듭할 일이다. 인류 역사의 위인들의 실패담을 떠올리며, 열정을 바칠만한 자기 일을 찾아내어 겁 없이 도전할 일이다.

위대한 열정만이 성공의지에 불 붙여 기름 부어주는 것이라고, 비행기를 발명한 라이트 형제가 말했던가. 조롱과 수치는 열정적 도전에 땔감이 되느니, 인생은 길다. 단거리 선수보다는 장거리 선수가 되자고. 대기(大器)는 만성(晩成)이니, 최후에 웃는 자가 진정한 웃는 자이니.

열정이 없으면 20살 젊은이도, 열정적 80살 노인보다 더 늙었다는 사무엘 울만의 시 「청춘」도 있지. 모름지기 열정(passion)이란 위대한 열정(great passion)이라고 하지. 인생에서 늦어버린 때는 결코 없으며, 도전에 도전을 거듭하는 열정에는 박수갈채가 기다려 주느니. 젊은이여! 오직 열성을 바칠 자기에게 맞는 일을 찾아 더욱 열정적으로 도전을 즐기시라.

먹을수록 배고픈 꽃, 참꽃 진달래

산에 오면 항상 신을 느낀다. 시기적으로 환절기가 더욱 신의 섭리를 느끼게 한다. 자연이 곧바로 신의 섭리를 표현해준다는 생각이 든다. 한결같은 순환을 단 한번도 건너뛰는 법이 없다는 점에서도 그렇다. 한겨울 꺼멓게 얼어붙었던 나뭇가지 끝이 어느새 연둣빛을 띤 것도 그렇다. 우면산 줄기인 방배동성당 뒷산은 산이라기보다는 언덕이지만, 통나무 계단을 오르면 햇살은 겨울보다 눈이 부시다.

산과 산이 이마받이를 하는 우리나라는, 산과 산 사이의 골짜기와 산을 올라가서 다시 내려가는 고갯길로 이어지고, 산과 산 사이의 골짜기 냇물을 건너면, 이어 고갯길을 오르내려야 하는 지형을 우리 삶도 빼닮았다. 그래서 우리 아리랑도 언덕 넘어 산이 있고 산 넘어 태산이 기다리는 무수한 고개를 넘는 우리 삶처럼, 숨넘어가듯 불러야 제 맛이 난다.

> 꼬불꼬불 아 첫째고개, 첫사랑을 못 잊어서 울고 넘던 고개
> 꼬불꼬불 아 둘째고개, 둘도 없는 임을 만나 얼싸안고 넘던 고개
> 꼬불꼬불 아 셋째고개, 셋방살이 삼년만에 보따리 싸서 넘던 고개

열두 고개까지 이어진 이 속요는 6·25 이후 50~60년대의 변형 아리랑이었다. 속요가 서민들의 시대적 애환을 담은 진솔한 노래이고, 입에서 입으로 전해진 작가미상의 잡가였다는 점, 그리고 우리 삶의 형상이 꼬불꼬불한 고갯길로 상징된 점에서도 아리랑과 흡사하다.

구불거리는 산길을 올라가자니, 스치는 바람 끝은 차가운데도, 바위틈에는 우련 붉은 빛이 감돌고 있는 듯, 문득 작고한 문학평론가 조연현씨의 「진달래」한 구절이 떠오른다. 그가 성장하던 일제 말기는 모두가 항상 춥고

배고프던 서러운 시대였기에, '진달래꽃은 먹을수록 배고픈 꽃'이라고 썼으리라. 조연현씨도 본격 평론을 하기 전에 이 작품을 썼으리라.

  초등학교 적 나도 입술과 혀가 보랏빛이 되도록 진달래꽃을 따먹으며 집으로 돌아오곤 했다. 바위와 마른 억새풀 사이로 우련 붉은 진달래는, 덜 핀 꽃봉오리 적부터 수난을 당해야 했다. 배도 고팠고 입도 심심해서 우리는, 진달래가 다 지고 잎이 돋을 때까지, 아니 찔레순을 꺾어 먹을 때까지 군것질로 진달래꽃을 따먹으며 산길을 헤매곤 했다.

  이른봄 산에 오면 어린 그때가 선하다. 덜 먹고 많이 움직이려고 산을 오르내리면서, '살쪄야 인물 난다', '살진 박색이 없다'던 배고프던 어린 날이 생각난다. 마주 오는 두 아이들 손에는 진달래꽃 가지가 들려 있다. 꺾으면 안 되지. 내 말은 입안에 갇힌 채 밖으로 나오지 못했다. 저 나이 때 나는 한다발씩 꺾어 들고 산을 내려오며 자랑도 했으니까. 이른봄 참꽃(진달래의 사투리)부터 찔레순, 찔레꽃, 송기, 삐삐 등, 시금이 등, 봄부터 늦가을까지 거의 못 먹는 푸성귀나 풋나무가 없던 시대를 살아왔으니까. 무공해 자연식을 먹던 그때가 그립다.

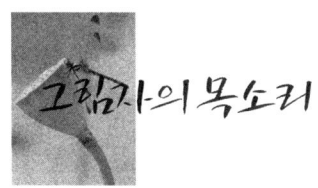
그림자의 목소리

 나보다 더 나 같은 나는 내 그림자이고, 나보다 더 나다운 진짜 나도 내 그림자이다. 나는 다만 진짜인 내 그림자의 그림자일 뿐인, 가짜일 수밖에 없다고. 그래서 진짜 나를 찾아가는 행위가 문학하는 것이리니, 어찌 문학만이랴 모든 예술이 다 그러하리니-.

 그래서 한 시인이 쓰는 그의 모든 시는 결국 그의 자화상일 뿐. 그러나 자기를 찾아가고 찾아내는 행위야말로, 인간탐구이며 모든 존재의 탐구일게다. 흔히 불교에서 밀한나는 참 나인 진아(眞我)와 나의 확대개념인 큰 나 즉 대아(大我)에 이르러, 세상만물이 죄다 나라는 것을 깨닫는 것이라니, 승려나 사제와 시인의 차이란 방식의 차이에 지나지 않을 뿐이라면, 잘못된 생각일까?

 프랑스의 시인, 작가이자 여행가인 블레즈 상드라르 원작에, 미국의 마샤 브라운이 그림을 그린 아동을 위한 책 『그림자』를 만났다. 제목에 끌려서 골라든 이 책을 집어든 순간, 손끝이 찌릿찌릿해지는 것 같았다. 오랜 동안, 참으로 오오랜 세월을 두고 그림자에 대하여 생각해온 때문이었을까? 마치 내 안에 숨어 기다리던 불씨가 바람을 만나 불붙으며 피어오르는 듯했다면 과장일까?

 젊음이 지겨워 미칠 것 같았던 한때는 그림자를 고독으로 보았다. 나를 미행하며 내 모든 약점을 샅샅이 엿보는 정직한 나 자신이라고. 나의 위장과 허세를 고발하기 위해 증거자료를 수집하느라고 나를 미행한다고. 그래서 그림자를 따돌릴 수도 없고 그림자의 미행으로부터 도망칠 수도 없는 나는, 그림자의 마술과 주문에서 벗어날 수 없다고 탄식도 했다.

 그림자에 대한 이런 생각은 세월과 함께 다소 변하기도 했고 잠재되고 나타남을 반복하면서, 그림자야말로 진짜 나 자신이고, 나야말로 그림자의 그림자일 뿐이라고-. 가장 나 같은 나, 가장 나다운 나는 내 그림자밖에 없다고, 따라서 나야말로 가짜이고, 진짜 나인 그림자가 조종하는 대로 움직일 뿐이라고.

블레즈 상드라르의 「그림자」는 내 실체가, 내 그림자라고 일러주었다. 어쩌면 내 그림자는 전생의 나일지도, 아니 미래의 나, 차생(次生)의 나인지도 모를 일, 그림자는 표정도 목소리도 없으니, 전생의 내 모습이나, 차생의 내 모습을 내가 모를 수밖에. 그림자의 표정을 살피려고 불빛에서 햇볕에서 온갖 유치한 짓을 시도해 보았지만, 끝내 실패하고만 적도 몇 번 있었지. 또한 그림자가 내게 들려줄 이야기야말로, 내게 다시 없이 유익할 것이라고 여긴 나머지, 몇 시간씩 내 그림자와 허심탄회한 대화를 시도해보기도 했고, 그림자의 이야기를 들어내려고 마음 비우고 귀 기울이는 집중도 시도해 보았다. 전생의 나와 차생의 내가 현생의 나에게 들려줄 이야기는 대체 무엇일까? 물론 결국에는 아무것도 듣지 못했지만, 표정도 목소리도 없는 그림자에게서 내가 읽어 낸 것, 들어낸 것이 있다.

나말고 날 괴롭힌 다른 누가 있었던가
나말고 나를 더 증오한 다른 누가 있었던가

나말고 나를 더 사랑한 다른 누가 있었던가

　　나말고 누가 내 세상을 괴롭혔던가

　　세상이 나를 괴롭힌 게 아니라

　　내가 세상을 괴롭힌 것을

　　거리만한 학교가 어디 있으며

　　세상만한 대학이 어디 있느냐고.

 그림자가 내 전생의 나이든지, 다음 생의 나이든지 간에 그가 바로 진짜 나이며, 나야말로 그림자의 그림자인 가짜일 뿐이라는 오래 생각해온 것만 거듭 확인했을 뿐, 보이지 않는 것이 실상이고, 들리지 않는 것이 진짜 음성이라고, 진짜 나인 내 그림자가 일러준 것이라고.

 그림자! 저마다의 존재는 전생의 그와 내세의 그와 함께 현재를 살고 있다고, 그림자는 알고 안타까워해도 정작 그 자신은 모르고 있다고.

 시를 쓰는 일이야말로 한평생 저 자신의 발견과정이며, 과거와 미래의 제 모습을 함께 찾아가는 과정이라고. 전생과 차생의 나인 내 그림자의 없는 표정을 읽어내고 없는 목소리로 하는 이야기를 들어내는 것일 뿐이라고. 다시 보니, 떨어져 나뒹구는 플라타너스잎도, 서리 맞아 주저앉은 달개비풀도 누구 아닌 나 자신이란다. 돌아보니 안 보이던 그림자가 등 뒤에 바짝 따라붙어 있었다.

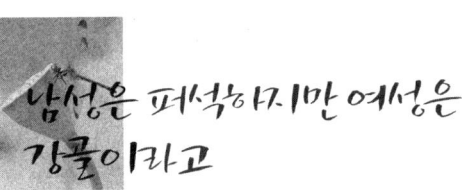
남성은 퍼석하지만 여성은 강물이라고

농경시대가 그리워지는 초봄, 겨우내 참았던 땅속에서 뿜어지는 흙내음에 흠뻑 몸 적시고 싶다. 어린 날 밖에서 따돌림 받고 돌아오면 아무것도 묻지 않고 품어주던 어머니, 그 검정 치마폭에 얼굴 묻고 흐느끼다 잠든, 치유와 회복의 신능(神能)이 흙에서 다시 한 번 더 체험 될 것 같다.

동서양 모두 땅 즉 흙은 모성성이다. 모성의 향기는 자극적이지 않는 그저 덤덤하고 구수하고 푸근하여, 깊고 그윽하고 따스하고 편안한 모든 향기로움을 다 간직한 내음이다. 흙이 바로 그렇다. 그저 너무너무 좋다는 표현 외에 마땅한 형용사들이 다 부족한 흙내음에 취하면, 그 자리에 심어지고 싶어, 최고 가치인 보편적 사랑에도 도달된 듯 눈물이 피잉 돈다. 죽어 흙이 된다는 허무감보다 흙으로 돌아가 뭇생명을 키운다는 축복으로 느껴지고, 다른 무엇 아닌 흙으로 인간을 지으신 창조주의 오묘한 뜻에도 감탄하지 않을 수 없다.

진흙으로 만들어진 남성은 퍼석하지만, 뼈다구(갈비뼈)로 만들어진 여성은 강골이라는 농담도 듣지만, 초봄의 흙내음에는 문득 없는 고향, 안 계신 어머니가 그리워지고, 농경시대가 인간이 살만한 시대였다는 생각도 든다. 아무리 일차산업에서 멀리 와버렸어도 먹는 것은 농산물 아닌가. 농업국을 선언하고 온 세계가 외면하는 농업지향 정책을 펴온 호주나 뉴질랜드의 지혜도 재음미 된다. 농경의 순연한 인간성도 회복되어야 할 최고가치가 아닌가.

남성은 정복하고 파괴해왔지만 여성은 지키고 참고 일구어왔다. 인간 역사는 남성의 파괴를 치유한 여성으로 지속되었다고 할 수 있다. 상한 갈대도 꺾지 않고 꺼져가는 등불도 끄지 않고 끝날까지 참고 기다리시는 하느님도, 특성상 아버지 아닌 어머니라야 옳다. 가톨릭의

성모와 불교의 관세음보살이 종교본성으로 볼 때, 인내, 용서, 사랑의 여성 특성으로써, 남성신(男性神)에게 부족한 특성을 보완한 것이리라. 정복과 파괴를 당한 여성은 정복과 파괴를 풍요로 바꿨다. 모성이 바로 다산풍요의 신성이기 때문이다. 부여와 고구려인들은 주몽의 어머니를 다산풍요의 곡모신(穀母神)으로 섬겼고 서양도 마찬가지였다. 이런 여성성과 모성성(母性性)이 흙의 본성이어서, 초봄 흙내음은 생명을 근원적 통합적 전체적으로 사유하도록 일깨워주는데-.

'애나 낳고 키우지 왜 직장 나와 얼쩡거려?' 이런 경멸이 다소 극복되긴 했지만, 그 결과 멸시 안 당하려 모성을 포기했고, 마침내 세계 최저출산(1.17명)국이 되었다. 모성 가치를 흙의 가치처럼 무시해온 결과이다. '마음 놓고 아이 낳으세요. 이 노무현이 키워드리겠습니다' 라고 공약해 놓고서도, 인구의 절반인 여성표와 국가형성의 기본인 출산은 외면했다. 스웨덴, 일본 등은 육아비용의 83%와 54%를 각기 국가가 부담한다는데, 우린 고작 37% 내외이다. 2~30대 초의 최적가임기를 놓치는 우리의 여성(모성)정책은, 머지않아 소수 열등국(민)으로 전락될 위험을 방치하고 있다. 이미 북한의 중학생 체형이 우리의 초등학생 정도라니, 소수 열등민족이 될 위험이 코앞에서 기다리지 않는가. 3자녀 이상인 부모에게 취업우대, 출산육아 안식년제, 육아기관 지원확대 등, 획기적 정책이 행정수도 이전보다 훨씬 시급하고 더 많은 표를 얻고, 훗날 역사적 평가에도 더 유익될 텐데도, 손톱 밑의 가시만 알고 염통(심장)에 쉬(구더기)쓰는 줄 몰라 한심스럽다. 이는 여성모성 문제 이상의 국가 민족의 생존문제이자, 상실된 인간성 회복 문제이기도 하다. 국토가 작고 자원이 적은 우리나라는 인력으로 생존할 수밖에 없고, 부모 됨의 체험으로 남녀 모두에게 사랑, 용서, 헌신 등의 최고가치에 가장 쉽게 닿을 수 있어, 평화공존도 앞당길 수 있는데 말이다. 모든 목숨은 강골인 모성에게 빚지며 사는데 말이다.

시(詩), 받침 하나가 모자라서 신(神)도 신도 못 되는

용(龍)이 못된 이무기처럼

무한 자유로운 용 이상 이무기처럼

신(神)이 되려다가 받침 하나가 부족한 시(詩)는

말씀이 육화(肉化)된 신(神)이 못되는, 말의 육화(肉化)인

시(詩)는

신고 다니는 '시 ㄴ', 신(발)이라도 되려는 시(詩)는

'龍이 부러워하는 이무기'

'神이 부러워 할 신(발)'

몸의 의상(衣裳)이 부러워하는 '발의 옷'

혼신을 다 담고 인생을, 제멋대로 길 잡는 발의 옷

'말(언어)로 만들어진 발의 옷' 이다

말의 육화(肉化)이다

따라서 시어(詩語)가 아닌 비시어(非詩語)의 반시(反詩)가 시 이상(詩以上)의 시(詩)다.

시가 뭐냐고 자주 묻는다. 대답이 궁할 때마다, 위의 몇 마디로 대꾸한다. 시란 노래라느니, 말장난이라느니, 손 안 대고 코 풀 듯이 입 안 벌리고 하는 노래, 마음 노래, 울지 않고 우는 울음 등등, 무수한 정의를 제시하지만, 나는 받침 하나가 모자라서 신(神)도 신발도 못 되는, 바로 그것이라고 한다. 뭐가 틀렸는가? 한글을 깨우친 이는 누구나 다 아는 것 아닌가?

인류의 첫 의상, 무화과 잎새

 부쩍부쩍 자라는 아이들의 옷을 살 때마다, 인류의 시조들이 입었다는 무화과 잎새 의상을 생각하게 된다. 물론 내 옷을 살 때도 생각난다.
 '무화과의 가지가 연하고 잎이 무성하거든 여름이 가까워 오는 줄 알라'는 예수의 비유와 함께, 무화과나무를 처음 대면했을 때는, 마치 2000여 년 전 유대 땅의 어느 마을로 착각 될 정도로 흥분되었는데, 특히 예수의 공적 생활에서 자주 비유되고 언급된 이 나무는 꽃이 없이 열매만 열린다는(fig tree) 뜻을 한자로 표기한 나무이다.

마산에 살 때 우리 집 마당에 두 그루의 무화과나무가 있어서, 크고 널찍한 잎새와 잎새의 곡선 즉, 가장자리 모양새가 특이하게 멋져서, 아담과 이브의 첫 의복이 될 만도 하다고 생각하곤 했다. 꽃송이 같기도 한 열매가 익으면 그 단맛이 약간 비리기도 했지만, 꽃을 열매보다 더 좋아하는 나는 무화과라는 이름은 별로였으나 열매의 맛은 그런대로 괜찮았다. 여러 그루의 무화과가 있는 집에서는 열매를 따서 술을 담가 먹는다고도 했지만, 우리 집의 무화과는 들고나는 손님들이 한두 개씩 따서 먹고 하여 저절로 없어지고 말았다.

무화과를 뜻하는 영어의 'fig'는 옷이라는 뜻이기도 하여, 아담과 이브 시절에는 무화과 잎새를 엮어 앞을 가렸다니, 여름철에는 매우 시원했을 것이다.

바커스 신의 제삿날에는, 무화과 열매가 많이 열리는 방법을 가르쳐 준 그를 기리기 위해서, 무화과 잎으로 엮은 목걸이를 하고 춤을 추었다는 이야기도 전해진다.

그러나 내게는 잎새가 열매보다 더 좋은 나무이고, 솔직히 무화과라는 우리식 이름이나 영어의 fig tree도 별로 맘에 들지 않는데, 잎새 모양은 썩 맘에 들었다.

인류의 첫 조상 배꼽 없는 그분 내외가 가죽옷을 입기

전에 손수 만들어 입었다니, 의상학의 역사상 얼마나 중요한 나무인가를 짐작할 만하다.

무화과 나뭇잎으로 아기의 배내옷을 지어 입힌다면? 어른들이라도 속옷으로는 적당치 않을 듯하다.

아무튼 대마(大麻)나 목화(木花), 뽕나무는 무화과나무 앞에서는 머리를 조아리며 선배 대접을 깍듯이 하겠지. 본고장에서는 얼마나 크는지 몰라도, 우리 집 마당에서는 뿌리에서부터 갈라져 나오는 잔가지들로 포기는 무성해도 줄기는 그리 굵지 못했다.

아무려나 내게는 아직도 예수시대 성경 속의 무화과나무의 여러 모습이 더 각인되어 있다.

아무것도 안 한 날이 중요한 일 한 날

요즘 뭘 하고 지내느냐는 말을 들을 때마다 대답이 궁색해진다. 내가 노옌가? 일꾼인가? 아니 왜 꼭 뭘 해야만 해? 아무것도 안 하면 안 돼? 속으로는 이런 항의를 하면서도 교양 있는 척 웃고 만다. 스스럼없는 사이라면 할 일도 없을 테니 뭘 좀 써 보라고도 한다. 못한다고 한사코 사양하면, 그것도 안 하고 뭘 해?라고 반문도 한다. 그런 때도 나는 놀면 안 돼? 나는 왜 늘 뭔가를 해야만 하는 사람이냐고 속으로는 자못 언짢아지기도 한다.

이레지래 누굴 만나는 것도 피곤해진다. 인사말은 언제나 은퇴(隱退)하니 어떠냐는 물음이고, 그런 때마다

물러나서 낙향하여 숨어지내는 멋을 즐기지 못하니 은퇴가 아니라 퇴직(退職)이라고 고쳐주기도 하면서 웃어넘긴다. 더러는 아니 명퇴(名退)하셨다지? 그래 뭘로 시간 보내느냐고 하면, 명퇴가 아니라 내 스스로 조퇴(早退) 또는 자퇴(自退)한 것이니, 노는 재미를 만끽한다고 대답하면 어이없는 표정으로, 아니 사람이 뭔가를 해야지 아무것도 안 하고 놀기만 하다니? 그러면 되나?!라고 나 대신 걱정까지 해준다. 그러나 나는 아무것도 안 하느라고 애쓰고 있는 중이다

무지(無知)가 전지(全知)라는 말을 떠올리곤 한다. 아예 모르는 것이 다 아는 것이라는 말, 무책이 상책이라는 말, 아무것도 안 하는 것이 많은 일을 하는 것이라는 말, 시시한 일을 하는 것이 가장 중요한 일을 하는 것이라는 말 등등이다.

속도병에 찌들었던 전날 같으면, '빵' 이라는 말은 '방'(房) 두 개를 한꺼번에 말하는 것으로 생각했을 텐데, 이제는 방도 빵으로 들려와 군침부터 고인다. 그럼에도 잠자리에 들 때는 하루 종일 아무것도 한 게 없다는 헛헛함을 느끼기도 한다. 아무 것도 안 하는 것이 남의 할 일을 빼앗지 않은 것이 되고, 환경오염에 일조하지 않은

것이 되고, 물자를 아낀 것이 되고, 전력이나 물을 절약한 것이 되고, 식구나 이웃을 피곤하게 하지 않은 일이 되었는데도 말이다.

그래서 나름대로 아무것도 안 하는 몇 날을 정해보았다. 1) 온종일 커피를 안 마시는 날, 2) 온종일 입 다물고 말하지 않는 날, 3) 온종일 텔레비전 안 켜는 날, 4) 온종일 밥 안 하는 날=부엌에 안 들어가는 날, 5) 온종일 아무 생각 안 하는 날 등등에다가 6) 온종일 온라인 메일 체크나 전화 안 하는 날도 끼워 넣었다.

나는 부지런하다는 것을 잘못 해석하여, 무의미 무가치한 저지레를 하면서도 부지런함으로 착각하기도 했다. 그래서 지금 돌이켜보면 하지 않았어야 할 뿐만 아니라, 안 해도 무방한 일들을 하느라고 시간과 노력을 바쳐왔다. 원고 쓰기도, 집안 일도, 잔소리 하기 등등, 게으름과 가만히 있는 것과 부지런함을 혼동하기도 했다. 하면 안 되는 것뿐인 현대인들의 생활은 소심한 범생만을 양산했다.

이 중 가장 힘든 것이 밥 안하는 날과 생각 안 하는 날이있다

부엌은 내 생활의 학대현장이다. 직장에 나갈 때는 두

끼니만 걱정하던 것이 퇴직하고 나니 매일 세 끼니에 매여 있게 된다. 게다가 비타민이니 건강식이니 왜들 먹는 것에 얽매여 살라고 하는지, 정말이지 먹는 것 사와서 만들다가 하루가 다 간다. 아니 귀중한 인생이 먹는 것으로 낭비된다. 과민이다. 잘 산다는 것은 어디에도 매이는 것은 아니지 않는가. 가히 장수 제일주의 시대가 되고 말았다. 온종일 동네를 다니며 세 끼니를 사 먹는 날로서 나를 부엌에서 해방하고 싶다. 커피도 내 손으로 끓여 마시기 싫어 성당까지 간다. 성당의 자판기 커피는 150원이니까, 두 잔을 사서 섞어 마시고 빈둥거리는 것이 좋다. 그러는 사이 하느님도 생각하게 된다.

다음이 아무 생각 없는 날이다. 나는 잡념박스, 잡념자루이다. 잡념은 상념이 되고 상념은 어느새 신념이 되어 버려, 남들과 조금도 다르지 않은 편견으로 채워진 나 자신에 깜짝깜짝 놀라곤 한다. 자유로운 발상, 엉뚱한 남다른 생각은 비집고 들어올 틈이 없어지고, 늘 뭔가의 생각에 점령되어 있다. TV나 이메일, 신문, 전화… 등등 남의 일, 남의 인생에 내가 휘둘릴 필요 없는데도. 이제 그런 일에서 해방되고 도망치고 자유로워지고 싶다. 그래서 나보다 유능한 이들이 내가 하는 것보다 더 잘할 수 있게 비켜서주고, 자리를 내어주고 싶다. 이것이 내가 할 수 있는 가장 중요하고 큰 일이다. 그러고 보니 내가 뭔가 된 듯도 하다. 웃기는 내가 되었지만, 그래도 이런 내가 나는 제일 좋다.

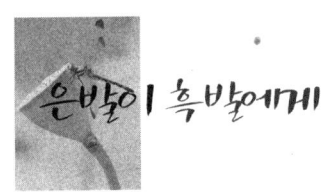
은발이 흑발에게

어제는

나 그대와 같았으나

내일은

그대 나와 같으리라.

터키의 히에라 폴리스라는 폐허가 된 도시에서 전해지는 '죽은 자가 산 자에게' 한다는 말이다. 기원전에는 치병에 효과가 좋다는 온천수가 솟아나는 온천 도시라서, 각 국의 수많은 병자들이 몰려와 장기치료를 하였는데 더러는 죽기도 하여, 재산의 정도에 따른 어마어마한 무덤들이 각 나라의 특성대로, 그 어마어마하게 드넓은 경사지대에 흩어져 있어, 그 옛날의 대도시의 규모가 어떠했던가를 짐작하게 했다.

그나마 눈에 익은 무덤도 있었는데, 중국에서까지도 찾아온 병자들이 고치다가 죽어 중국식으로 만든 무덤들이라 했다. 자기 나라 양식대로 만든 무덤이라야 죽어서도 고향에 돌아갈 수 있다고 했다. 중국식 무덤은 장례식이 호화로워야 극락에 간다는 중국식 발상만큼이나 컸다, 작은 집만 했다.

기원전부터 생겨서 전해진다는 이 말은 A.D.로 바뀐 다음에도 수없이 바뀐 세기가 21세기가 되었고, 따라서 치료하는 도시(healing police)라는 뜻의 히에라 폴리스도 그 오랜 세월 동안 무수했던 크고 작은 지진과 지각변동으로, 웅장하던 무덤들은 뒤집히고 파괴되고, 더러는 텅 비어 뻥 뚫린 석관들이 옆으로 높이 일어선 채, 대낮에도 여행객을 놀라키곤 했다.

어떤 이들은 세상이 젊어지는 게 아니라 철이 없어진다고도 하시만, 자유스러워지는 것만은 사실이고, 나도 온 몸으로 이 자유로워짐을 환영하고 누리고 있다. 얼마나 갈망하던 현상인가. 의식주는 물론 거의 모든 사고와 발상들이 전에 없이 무한 자유로워지면서 무궁무진 다채로워지고 있지 않는가? 바야흐로 무한 자유, 무한 개방, 무한 창의, 무한 경쟁…의 시대를 살고 있지 않나 말이다.

예술의 생명이 바로 이런 현상을 불러오는 기본이 되는 자유로움이 아닌가.

언제부턴가 우리 시단은 무척 다채로워지면서, 가끔은 젊은 시인, 젊은 피를 강조하더니 시단도 무척 젊어졌고 우리 시도 무척이나 다채로워졌다. 얼마나 좋은 현상인가? 시가 이러해야 한다는 정의가 있으면 이미 시는 예술이 아니니까. 그러나 이런 현상에 황홀해지다보니 어느새 나는, 반 젊음, 비 젊음, 아닌 젊음이 되어버렸다는 사실에 어처구니없어지곤 한다. 젊다고 다 좋은 것도 아니고 늙어보니 늙어서 좋은 점도 너무 많다는 것도 느끼게 되면서, 이래서 공평하구나 깨닫게도 되지만, 그래서 남들에게서 그것도 공론화 된 듯이 자주 들으면 서글프고 쓸쓸해지면서, 나의 등단 때가 떠오르곤 한다. 당시는 문단 등단코스가 3회 추천이어서, 신문의 신춘문예로 등단하고도 다시 문예지에 3회 추천의 과정을 자원하여 재등단하는 시인들도 있었다.

　나는 24살이 못 된 어린 나이에 1회 추천을 받고, 죽을 힘을 다해서 매년 일 회씩 추천을 받는 부지런을 떨었어도, 햇수로 3년 만에 3회 추천이 완료되어 정식 시인이 되었으니, 지금 생각해보면 어리기는 어렸다. 그러나 그 '어리다'는 딱지는 오래 오래 지속되어, 나는 늘 어린 시인 취급이나 받으며, 자라목처럼 옹크리고 꼽사리로 끼여 있는 뒷자리가 내 자리라고 여겼는데, 어느 날 갑자기 늙은 시인이 되어버린 나 자신에 소스라쳐 놀라지 않을 수가 없었다.

　나는 언제 젊은 시인이었지? 젊은 시인이었던 때가 있기나 있었던가? 이런 자문(自問)에는 없었다는 자답(自答)뿐이다. 물론 자연연령(自然年齡)이 젊다는 것과 시가 젊다는 것이 동일시되어서는 안 되는 데도 불구하고 말이다.

　한때 여류시를 여성 시인들이 쓰는 시냐, 여성적인 특성(여성적인 특성이란 있을 수도 없는 어처구니이지만)을 보이는 시를 여류시라고 하느냐를 두고, 소월의 작품이 거론되면서 논쟁이 일곤 했었다. 여성시나 여류시의 개념을 시인의 성별로 볼 것인가, 작품의 정조로 볼 것이냐를 논쟁했듯이, 젊은 시도 바로 시인의 연령 기준이나 시의 특성으로 볼 것이냐에 따라 달라질 수 있지 않는가.

시인들에 따라서는 늦게 등단하여 시인 초년이 4~50대나 5~60대이기도 하고, 체험이나 철학에 따라 나이 젊은 시인이 초월적인 작품을 쓰기도 하고, 철들자 망령난 듯, 나 같은 시인은 내 멋대로 말장난을 하기도 하는데-. 이분법적 사고가 씁쓸해지며, 사무엘 울만의 「청춘」이라는 시가 생각나곤 한다.

> 청춘이란 인생의 어느 한 기간을 말하는 것이 아니라 마음의 상태를 말한다.
> 그것은 장밋빛 뺨, 앵두 같은 입술, 하늘거리는 자태가 아니라 강인한 의지, 풍부한 상상력, 불타는 열정을 말한다.
> 청춘이란 인생의 깊은 샘물에서 오는 신선한 정신,
> 유약함을 물리치는 용기, 안이를 뿌리치는 모험심을 의미한다.

때로는 이십의 청년보다 육십이 된 사람에게 청춘이 있다.
나이를 먹는다고 해서 우리가 늙는 것이 아니다.

이상을 잃어버릴 때 비로소 늙는 것이다.

세월은 우리의 주름살을 늘게 하지만
열정을 가진 마음을 시들게 하지는 못한다.
고뇌, 공포, 실망 때문에 기력이 땅으로 들어갈 때,
비로소 마음이 시들어 버리는 것이다.

육십세이든 십육세이든 모든 사람의 가슴 속에는
놀라움에 끌리는 마음,
젖먹이 아이와 같은 미지에 대한 끝없는 탐구심,
삶에서 환희를 얻고자 하는 열망이 있는 법이다.

그대와 나의 가슴 속에는 남에게 잘 보이지 않는 그 무엇이 간직되어 있다.
아름다움, 희망, 용기, 영원의 세계에서 오는 힘.
이 모든 것을 간직하고 있는 한
언제까지 그대는 젊음을 유지할 것이다.

영감이 끊어져
정신이 냉소라는 눈에 파묻히고,

비탄이란 얼음에 갇힌 사람은

비록 나이가 이십세라 할지라도 이미 늙은이와 다름없다.

그러나, 머리를 드높여 희망이란 파도를 탈 수 있는 한

그대는 팔십세일지라도 영원한 청춘의 소유자일 것이다.

「청춘(Youth)」

  정말이지 열정에 따라서는 20살 노인도 80살 청년도 있을 수 있는데. 그런 발상 자체가 예술의 기본인데 말이다.

  모름지기 예술가는 끊임없는 노력으로 변신에 변신을 거듭하기 때문에, 생물학적 연령과는 무관해야 하고 무관할 수밖에 없는데. 작고 시인 이상(李箱)의 작품은 오늘에도 젊고 어쩌면 영원히 젊은 작품이 될 수도 있는데도 말이다.

  가끔 히에라 폴리스에서 전해진다는 위의 말을 '은발이 흑발에게'라고 제목만 바꾸어 보기도 한다. 도대체 시가 뭔데 내가 이렇게까지 되고 있지.

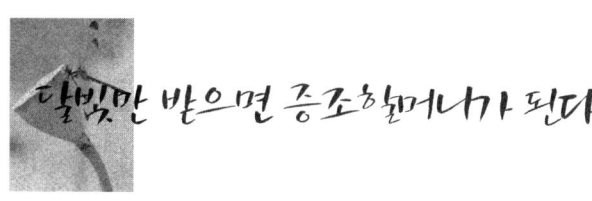
달빛만 받으면 증조할머니가 된다

   박상만의 『조선교육사』에는 밤하늘의 달(月)은 딸의 어원이라 했다. 달처럼 은은하고 아름답되 요란하지 않은 이미지로서 존재를 과시하는 태양과 대비시켰다. 따라서 아들은 달이 아닌 '(안달)이다가' (아들)로 변음되었다고. 달은 태양보다 약자이나 태양의 어머니이다. 어둠에서 밝음이 밤에서 대낮이 태어나듯이.

   우리 민속에 달은 여성이다. 조수의 간조 만조가 달의 운행으로 결정되듯이, 달은 물의 운행과 밀접하여, 여성의 출산력인 생리수와 곡식 생산은 물론, 모든 생명의 모성인 물과 달은 직결되어 있다. 개인차가 있지만, 여성 생리주기도 대부분 음력의 한 달인 28일이고, 달밤에 달힘 마시기, 탑돌이, 다리밟기 등으로 여성의 출산력을 강화한 민속이 많고, 달 돋는 방위에 태(胎)묻기, 용신제나 산제 등 여성 민속도 늘 달밤과 관련되었다. 오늘 같은 한가위 대보름날은 키우는 개를 종일 굶겨서, 안주인 여성이 마시고 생산력을 얻을 달힘을, 굶겨서 기운 빠진 개가 못 먹게 했다. 대보름날 개밥 주는 며느리는 집안 망칠 징조라고 탄식을 했다니, 달은 곧 여성이고 모성이었다. 내 기억에도 달빛은 증조할머니와 어머니였다. 이분들의 기도였다.

한가위 밤, 차 오른 달빛 가득한 주차장을 돌자니 어느새 기도문이 암송되었다. 가끔 무슨 기도문을 어디까지 암송했는지, 마음과 정성과 입이 제각각임을 알아차리기도 한다. 언제부터인지 달빛을 받으며 지난 일을 성찰하게 되고, 바라는 바를 비는 산책이 버릇되었다. 오늘 밤도 추석 만월의 달빛을 쪼이며 성당 주차장을 산책하자니 절로 기도문이 암송되고, 이어 달만 보면 절하며 빌던 증조모님과 달빛 아래 기도하시던 어머니가 생각났다.

기억으로는 내 증조모님은 지금의 숏커트 같은 짧은 머리가 검푸를 정도로, 높은 연세에도 백발이 없었다. 눈동자도 푸르렀고 얼굴빛도 달빛보다 창백했다. 어머니도 증조모님을 청상으로 살아오신 독기가 그대로였다고 했다. 이 어른은 달만 떠오르면 그 높은 축담과 댓돌을 날듯이 내려, 맨땅바닥에 엎드려 절을 퍼부어 댔다. 떠오르는 모습은 절할 때마다 펄럭이는 흰 치마폭의 물결이었다. 비 오는 낮이나 달 없는 밤중에도 달이 떴다고, 아직 소년이던 숙부는 놀려대곤 했는데, 귀가 어두운 데도 어떻게 '달'이란 말은 잘도 알아들으시는지 궁금해 했다.

절을 하시다가 쓰러진 증조모님은 자주 할머니와 어머니의 부축으로 아랫목에 누우셨고, 팔다리를 주물러 드리면서 나를 위해서 뭐라고 빌었느냐고 묻곤 했다. '…앉아서 밥상 받고, 일어서 호령하고, 걸어서 내 땅 밟고…', 몹시 속된 내용이었지만 지금 생각하면 이 어른의 깊은 한 그대로였다 싶어 마음이 아파진다. 증조부께서는 9실, 5실의 남매와 20대의 증조모님을 두고, 을미사변 전후(?) 항거의병으로 일본순사의 총에 돌아가시자, 진사댁 둘째 집인 우리 집은 브레이크 없는 내리막뿐이었다고. 달을 향한 기도가 아니었다면 어떻게 견디어내셨을까 그 억울한 세월을. 혈손들을 일일이 거명하며 소원을 빌고 비는, 그분 평생에서 최우선이던 자손들 잘되는 사업들 때문에 장수하실 수밖에 없었으리.

연전, 친일청산이 거론될 때 나는 50만 원을 기꺼이 보냈다. 내게는 적은 액수가 아니었지만, 임진 정유난 때 문관이면서도 의병장을 지냈다는 어느 조상 어른과, 장터에서 순국하신 증조부께 대한 증손녀의 제사 드림이라 생각하고 싶었다. 임진난 때의 조상보다 더 가까운 증조부님은 유공자 명단에 올려드리지 않았다는 죄송함에서, 최소한의 제사상 차림으로 여겼다. 기억으로 조부와 아버지가 나누시던 말씀이 있었다.

'백성으로서 마땅히 해야 할 일이었는데…, 몇 푼 받자고 그래야 할지…. 뒷전에서 구경하던 아무아무 어른들이 부상도 당한 적 없으면서…'

나도 알 듯한 몇 분을 거명하시면서 갈등하시던 말씀도 떠올랐다. 그때는 어른들의 일로 여겨 무심했는데 지금 돌이켜보니, 아니다 싶은 생각이 들기도 했다. 더구나 안동 지방의 독립운동사를 정리한 안동대의 김희곤 교수의 명저를 보니, 증조부님의 함자는 빠져버렸지 않던가. 우리 식솔이 일찍 출향한 탓으로 자료를 제공 못한 탓이기도 하고, 또 조부와 아버님이 나누던 말씀도 생각나 몹시 착잡했다. 그러나 혈손의 하나로서 내 존경과 성의는 표하고 싶었다.

지금도 순국하신 증조부님이나, 조부와 아버지의 뜻이 국가로부터의 포상에 있지 않았음을 알지만, 학문적인 기록에는 증조부님의 함자 유연옥(柳淵玉)은 올랐으면 바랄 뿐이다. 또한 이 세상 아닌 어느 완전한 세계(신의 세계)에서는 인정받았으리라는 믿음이 없는 바는 아니나, 친일 규명 사업이 정말 등재될 분과 아니어야 될 사람들의 규명에서까지도, 인간사의 불완벽, 불완전이 서글퍼진다. 이 점에서 종교는 얼마나 큰 위로가 되는가.

이 불완전, 불완벽한 세상사 때문에 완전하고 완벽한 세계를 갈망하게 되고, 마침내는 믿음이 되리라. 가끔 수능시험 하위권과 성직 전공을 관련짓는 경멸조의 말을 듣는다. 그렇다, 잘난 사람에겐 신이 필요 없지 않은가. 세상에는 못난이들이 더 많고, 암만 못나도 기여할 무엇을 가졌고, 나들 고유한 존재가치를 소지했다는 점을 모르는 소리 아닌가.

사춘기에는 누구나 잘난 자에 대한 공포가 심하다. 내게도 아직 그런 흔적이 남았는지, 너무 똑똑한 사람, 잘생긴 사람, 재능 많은 사람, 재력 권력 있는… 등, 잘난 이들이 늘 두렵다. 대부분의 잘난 이들은 잘난 점을 권력으로 행사하는 것을 경험해왔기 때문이다. 건강한 이에게 무시당하는 허약자의 상처, 미인에게 경멸받는 못생긴 자의 억울함, 재능과 높은 지식 가진 자에게 무시당하는 서러움, 높은 지위 높은 명예, 많은 재물을 가진 이들이 무의식적으로 행사하는 언행에서, 못 가진 자의 상처는 때 없이 깊어지지 않던가. 천부적이든 후천적이든 가진 것 모두는 권력이 아니던가. 권력의 한 축은 오만이었고, 가진 바는 권력이 아닌 책임이어야 하는데도, 못 가진 이들에게는 늘 피해가 되어오지 않던가. 현재의 장애인은 예비 장애인들의 피해자로 살아야 하지 않는가 말이다. 생각이 여기까지 이르자, 대통령과 야당당수들을 위해서, 세계의 지도자들을 위해서도 기도하고 싶어져, 왠지 면구스럽고 민망스러워졌다.

하느님이 아담과 이브에게 자유와 법(규제)을 함께 주신 까닭을, 자유란 법의 한계 안에서 누리라는 뜻, 법규제로서 겸손을 가르치신 듯, 이브는 유혹에는 약했지만 산고(産苦)를 견디어낸 인류의 어머니다웠다. 이브의 모성적 헌신이 없었으면 세상은 유지될 수 없었을 거라고. 노자 『도덕경』에서 곡신불사(谷神不死)하니 시위현빈(是謂玄牝)이요, 현빈지문(玄牝之門)은 시위천지근(是謂天地根)이니, 면면약존(綿綿若存)하되 용지불갈(用之不渴)이라고 했으리, 골짜기 신인 현빈정신이 곧 모성, 성모상(聖母像)으로 구현되지 않았을까?

남성은 정복하고 파괴하지만 여성은 어루만지고 쓰다듬어 일구어 생산하지 않았는가. 늘 못나고 못 가졌다고 여겨온 나도 상대적으로는 가진 것이 너무 많아, 나도 모르게 권력화 하여 살아오느라 권력을 책임화 하지 못한 게 아닐까? 단군 이래 온 국민을 배고픔에서 해방시킨 전직 대통령의 공로와, 권력자의 고질적 권위를 무권위화 한 현직 대통령 공로도 인정해야 할 것 같고, 조선 창국으로 무수한 피를 흘린 태조 이성계나 이방원의 죄도, 세종대왕과 이순신장군으로 보상되었으니 용서받을 거라 싶어져. 이 두 분이 없었다면, 지금 우리는 중국문자를 쓰는 중국의 속방이거나, 임진난부터 일제하에 살아야 했을지도 모를 일.

나 같은 속 좁은 사람도 두서없지만 이처럼 거룩한(?)

생각을 하게 된 것도 오로지 달빛의 덕이다. 아니 내 증조모님의 신앙이던 달빛과 그분의 기도의 덕이 아닐까. 달을 보면 저절로 증조모님의 기도가 생각나고, 기도라면 내 어머니를 능가할 아무도 없을 듯, 한이 깊을수록 신능의 도움을 갈망할밖에 없어, 어머니도 기도의 평생을 살다 가셨지. 냉돌 마룻바닥에 무릎 꿇어 밤샘 기도하시던 어머니 등에는 늘 희뿌연 달빛이 훤히 비췄지.

 세상 모든 어머니는 그 자녀들에게는 다 성모마리아이며, 현빈이며, 관세음보살이다. 딸(엘리자베스 1세)의 왕위 계승권을 위해서 어머니 앤은 단두대를 선택했지. 모든 어머니들은 자식들을 위해서는 어떤 권력도 포기할 것이다. 어머니가 있고부터 기도가 생겨났으리. 빌지 않고서는 키워낼 수 없다는 절망적인 결론에서 절대자와의 만남인 기도가 생겼으리니, 기도야말로 약자의 호소이며 마지막 수단이며 가장 뜨거운 소망이리니, 어찌 신을 감동시키지 않을 수 있으랴. 신이 모든 존재에게 주신 최대 축복은 어머니를 주신 것, 이브가 유혹되지 않았으면 어찌 기도할 수 있었으랴, 그녀에게 겸손을 가르쳐 모성이 되도록 하셨으리니−. 방법과 시기는 달라도 모든 어머니의 생애는 기도의 생애이리니, 성당과 교회와 절간이 어머니들로 채워지는 이유를, 이런 어머니들의 기도가 있어서, 이 나라가 요만큼이라도 유지된다는 신통하고 거룩한(?) 생각까지도 증조할머니와 어머니의 추모에 보태졌다.